De Haagse Plekken

Ineke Mah en Ad van Gaalen

1ste druk november 2013
2de druk december 2013
3de druk april 2014

vormgeving: Henk Marin Klaassen

Copyright © 2013 Uitgeverij Lakerveld bv,
Rijswijk, Nederland

Alle rechten voorbehouden. Niets uit deze uitgave mag
worden verveelvoudigd, opgeslagen of op enige andere wijze worden
verspreid zonder voorafgaande schriftelijke toestemming van de uitgever.

All rights reserved. No parts of this publication may be
reproduced, stored or transmitted or used in any way, other than after
prior written permission of the publisher.

De Haagse Plekken

De 100 plaatsen waar iedere Hagenaar geweest moet zijn

Ineke Mahieu en Ad van Gaalen
Seapress, Den Haag

Inhoud

	Vooraf	9
1	Antiek- en boekenmarkt	10
2	De Maliebrug	11
3	De Baljurk	12
4	De Haagse Beek	13
5	Bijenkorf	14
6	Bosje van Repelaer	15
7	Boterwaag	16
8	Bunker	18
9	De Cremerbank	19
10	Hotel Des Indes	20
11	Distilleerderijmuseum Van Kleef	22
12	Duitse Bunkers	23
13	De Eendenkooi	23
14	Vergaderzaal Eerste Kamer	25
15	Eerste moskee	26
16	Emma's Hof	27
17	Florencia	28
18	Galerij prins Willem V	29
19	De Gevangenpoort	30
20	Haags Gemeentemuseum	31
21	Het Haags Historisch Museum	32
22	Haags Openbaar Vervoer Museum	33
23	Haagse Bluf	34
24	Het Haagse Bos	35
25	Havenhoofden	36
26	Hemels gewelf	38
27	Dunne Bierkade	39
28	Hofje van Nieuwkoop	40
29	De Hofvijver	42
30	Hofwijck	43
31	Hondengrafjes	45
32	Hubertuspark	46
33	Stadhuis	47
34	Indisch Monument	48
35	Joodse begraafplaats	49

36	Juttersmuseum	50
37	De Kloosterkerk	51
38	Koepel van Fagel	53
39	Koninklijke Schouwburg	55
40	Koninklijke wachtkamers	56
41	De Korenaer	57
42	Kurhaus	58
43	Lange Voorhout	59
44	Madurodam	60
45	Het Malieveld	61
46	De Haagse Markt	62
47	Mauritshuis	63
48	Meermanno	65
49	De Mesdag Collectie	66
50	Moskee in Chinatown	67
51	Museum Bredius	68
52	Museum Escher in het Paleis	69
53	Westduinpark	71
54	De Nieuwe Kerk	73
55	Nieuwe Boulevard	74
56	Oud Eik en Duinen	75
57	Het Oude Stadhuis	76
58	Pagehuis	77
59	Paleis Noordeinde	79
60	Paleistuin	80
61	Panorama Mesdag	81
62	Papaverhof	83
63	Parkstraatkerk	84
64	Passage	85
65	Pastoor van Arskerk	86
66	Paviljoen von Wied	87
67	De Pier	88
68	Plein 1813	90
69	De Posthoorn	92
70	De postzegelboom	93
71	Pulchri Studio	94

72	De Ridderzaal	95
73	Rosarium	97
74	Russische kapel	98
75	Schuilkerk	99
76	Slachthuis	100
77	De Snoeptrommel	102
78	Het Spaansche hof	103
79	Stadsbalkon	105
80	De 's Gravenhaagse Stadsrijschool	106
81	Stoomtrein	107
82	Sunny Court	108
83	Sweelinckplein	109
84	't Goude Hooft	110
85	Telefooncel	111
86	De Tempel	112
87	Ter navolging	113
88	Tolhuis	114
89	De Haagse toren	116
90	Toverlantaarnmuseum	118
91	Tramstation	119
92	Haagse tramtunnel	121
93	Tuin paleis Kneuterdijk	122
94	De Uithof	123
95	Venduehuis	124
96	Villa de Zeemeeuw	125
97	Villa Windekind	126
98	Vredespaleis	128
99	De vuurtoren	129
100	De Zandmotor	130

Vooraf

Den Haag is in twee opzichten uniek: het is het regeringscentrum en het ligt, als enige omvangrijke Westeuropese stad, aan zee.

Beide kanten van Den Haag vinden we in dit boekje terug. Veel van de door ons gekozen 100 mooiste of interessantste plaatsen van Den Haag ontlenen hun bestaan of aan de zee, of aan het internationale karakter van de stad. Beide aspecten zijn eeuwenoud. Al in de Middeleeuwen was Den Haag, althans gedurende enige tijd, het bestuurlijk middelpunt van Europa, en daaraan dankt het indirect het internationaal karakter dat het nog steeds heeft. Dat de Hollandse graven kozen voor Den Haag kwam door de gunstige ligging van zee, duinen en bos. Zand, zon en zee hadden en hebben veel moois te bieden.

Hoe kies je de 100 allermooiste Haagse plaatsen?
Sommige paradepaardjes liggen voor de hand en kent iedereen. Maar Den Haag biedt ook veel fraais dat soms in een heimelijk hoekje verscholen ligt. Bijna alle plekken zeggen iets over ons verleden, sommige plekken zijn van recentere datum en zullen pas in de toekomst geschiedenis worden.

Natuurlijk valt te twisten over onze keuze, en ook de wijze waarop we aan deze hoogtepunten aandacht hebben besteed kan voor kritiek vatbaar zijn. Die kritiek is ons welkom. Vele Hagenaars voorzagen ons vorige boek, de bekende Haagse Canon, van commentaar dat in de vele opvolgende drukken ook is verwerkt. Is er dus een fraaie Haagse plek die naar uw idee per se in dit boekje moet, laat het ons dan weten.

Ook wanneer u een plek aantreft die niet (meer) geheel voldoet aan onze beschrijving, dan stellen we uw commentaar op prijs: Den Haag leeft immers, en de Haagse plekken leven mee.

De schrijvers

Antiek- en boekenmarkt
LANGE VOORHOUT

Op het Lange Voorhout worden ieder jaar veel activiteiten georganiseerd, variërend van een bloemenmarkt tot een beeldententoonstelling of de Uitmarkt. Maar écht Haags is toch wel de antiek- en boekenmarkt. Deze wordt iedere zomer op het grote, lommerrijke plein tussen de Koninklijke Schouwburg en Hotel Des Indes georganiseerd. Onder de hoge lindebomen hangt dan een sfeer van rustige Haagse statigheid. Men kan er elke donderdag en zondag tussen de stalletjes op zoek naar oude curiosa, boeken en prenten, antiek servies en meubeltjes, sieraden en kunst. Op zondag is de markt doorgaans uitgebreider.

Het Lange Voorhout is, net als het Haagse Bos, een overblijfsel van het oerbos dat ooit tussen Hoek van Holland en Haarlem lag. Er staan veel imposante 18de en 19de eeuwse panden. Van de eerste bebouwing uit de veertiende eeuw is niets over. Alleen de kloosterkerk die rond 1400 werd gebouw, staat er nog.
Keizer Karel V liet in de zestiende eeuw vier rijen lindebomen planten, zoals die er nu nog staan. Het werd een plek waar Hagenaars graag flaneerden of zich in een koetsje lieten rondrijden.
Het Lange Voorhout werd ook wel De Lange Lindelaan genoemd. Daar zou ook het bekende rijmpje vandaan komen: Liesje leerde Lotje lopen langs de Lange Lindelaan.

De antiek- en boekenmarkt is open van half mei tot half september. De rest van het jaar is er een kleinere antiek- en boekenmarkt op donderdag op Het Plein.

Plaats: Lange Voorhout

Tweedehands boekenmarkten zijn er altijd geweest, bijvoorbeeld op de Grote Markt, en ooit zelfs in de Ridderzaal. De boekverkoper Blok had een grote naam, en verkocht onder andere prenten aan Vincent van Gogh. Men noemde hem de bibliothecaris van het Binnenhof.

De Maliebrug
BUURTSCHAP 2005

Over het Smidswater, in het verlengde van de Maliestraat, ligt de Maliebrug. Het is een lage, meervoudige boogbrug die in 1704 werd geplaatst zodat grote, hoge schepen niet langer de gracht als een doorgaande route konden gebruiken. De grote schepen kozen voortaan voor de Prinsessegracht, want deze werd rond die tijd verlengd.
Meervoudige boogbruggen zien we in andere steden wel vaker, maar in Den Haag is de Maliebrug de enige. Vroeger had Den Haag meer bruggen met drie of meer bogen en steunberen.

De Maliebrug biedt zicht op een historisch stukje van de stad. Het Smidswater en de Hooigracht verderop, kregen hun namen in een tijd dat er nog veel paarden rondliepen in de stad. In dit deel van Den Haag waren veel stallen en hoefsmeden. Schepen die hooi naar de stad vervoerden, kwamen naar de Hooigracht.
De naam Malie komt van het maliespel, een voorloper van cricket en golf, dat veelvuldig door de welgestelden op het Malieveld werd gespeeld.
Vanaf de terrasboot voor café Hathor heeft u een fraai zicht op de Maliebrug en de omgeving.
De Maliebrug is overigens een replica uit de jaren zeventig van de vorige eeuw.

Plaats: Hoek Maliestraat, Smidswater, Nieuwe Uitleg

De wijk wordt sinds 1979 wel Buurtschap 2005 genoemd, naar de postcode die in eerste instantie aan de wijk werd gegeven.

De Baljurk
CENTRUM

In 2000 werd een aantal eeuwenoude huizen aan het pleintje tussen Achterom, Gortstraat en Kettingstraat afgebroken. Ze waren zodanig vervallen dat sloop de enige oplossing was. Van andere panden bleven alleen de oude gevels staan en werd de rest volledig herbouwd. Op de hoek van het pleintje werd een modern gebouw neergezet: De Baljurk van de architect Eric Vreedenburgh. Het ontleent zijn naam aan een opvallende goudkleurige geveldecoratie. De architect wilde: 'iets vrouwelijks, iets vriendelijks, iets anders' en maakte een soort metalen voile die lijkt op een jurk. Het is een staalconstructie, gemaakt van grote, rechthoekige delen. Een dubbel gekromd vlak van stalen weefsels op een achterconstructie van gebogen staalbuizen werd voor een glazen façade geplaatst.
Op de begaande grond van De Baljurk is een winkel, daarboven zijn woonhuizen.

Ook het Achterom is begin deze eeuw grondig opgeknapt. Sommige vervallen huizen stamden nog uit de 17de en 18de eeuw. Die zijn volledig afgebroken en herbouwd.
Achterom was ooit een kronkelend middeleeuws straatje dat achter de muren van het Buitenhof om liep. Het volgde het traject van een zijarm van de Haagse Beek. Ruimte voor rijtuigen was er niet. Het gewone volk liep via dit steegje achterom naar de Spuipoort, vandaar de naam. Zij mochten, of wilden niet via de grote toegangspoort, die tot ongeveer 1500 bij het Buitenhof heeft gestaan. Vanaf de Groenmarkt was het Binnenhof tot het begin van de 20st eeuw slechts te bereiken via de Halstraat of via het Achterom.

Plaats: Hoek Kettingstraat en Achterom

De meningen over de Baljurk zijn verdeeld, maar wat voorheen een verloederd stukje binnenstad was, is na de grondige aanpak van de Kettingstraat en Achterom een autoluw uitgaansgebied geworden.

De Haagse Beek
KIJKDUIN

De Haagse Beek, kortweg de Beek, werd in de veertiende eeuw gegraven om de Hofvijver naast Het Binnenhof van water te voorzien. De bron van de Haagse Beek ligt bij het Schapenatjesduin in Kijkduin. Deze duinen ontstonden rond de elfde eeuw. Er ontsprong daar, op een zeer vochtige plek, een natuurlijke beek die vanaf het duin omlaag liep naar het gebied Segbroek en langs de duinenrij doorstroomde tot bij Zorgvliet. Verder kon het water niet, want vanaf die plaats liep het terrein omhoog. Om het water naar de binnenstad te brengen moest er vanaf Zorgvliet dus flink worden gegraven. Dat was wel de moeite waard, want in Den Haag was de aanvoer van vers duinwater niet alleen noodzakelijk voor de Hofvijver, maar ook voor de stinkende grachten. Tot het eind van de negentiende eeuw had Den Haag immers geen echt afvoerkanaal.

Ook bij het Noordeinde gaat het terrein waardoor de Beek werd aangelegd omhoog. Daar moest dus nog dieper worden gegraven om verval te maken. De doorstroming van het water bleef echter problematisch; de Beek raakte verstopt. In 1620 kwam er een molen, ter hoogte van het huidige Willemspark, die extra water in de Beek moest pompen. En op het Binnenhof kwam een door paarden aangedreven molen die bij windstilte water moest overslaan in de Hofvijver. In de negentiende eeuw kwam er zelfs een stoomgemaal bij landgoed Hanenburg. Het gemaal pompte water via de Valkenboskade uit de Loosduinsevaart richting de Beek.
De waterloop van de Beek werd, net als de grachten, gebruikt als riool en het Beekwater raakte sterk vervuild. In de binnenstad liep het water tussen en onder de huizen door. In 1861 kwam er dan ook een ondergrondse waterleiding vanaf de Zeestraat naar het Binnenhof. Delen van de Beek werden later overdekt, overkluisd of door een buis onder de grond gevoerd. De Beek verdween uit het zicht. In het begin van de twintigste eeuw kreeg Den Haag tenslotte een uitgebreide riolering. Inmiddels heeft de Beek verschillende stuwen en op allerlei plaatsen kan water de Beek instromen.
De Haagse Beek loopt van Kijkduin, met onderbrekingen door Segbroek naar Park Zorgvliet en het Vredespaleis. Dan gaat de

Beek onder de grond om uit te monden in de Hofvijver. De oorsprong is makkelijk te vinden, enkele meters van restaurant De Haagse Beek. Ook het eindpunt is goed zichtbaar: een gemetselde monding in de kademuur van de Hofvijver, ter hoogte van de Gevangenpoort, loost het Beekwater in de vijver.

Oorsprong: Machiel Vrijenhoekweg bij nr. 175

Over de oorsprong van de Beek, en over het oorspronkelijke traject bestaan weinig harde gegevens, maar wel allerlei theorieën. Zo zou de waterloop al in de dertiende eeuw zijn gegraven, vanuit een waterrijke plek ergens bij het Burgemeester Monchyplein. In de veertiende eeuw zou de waterloop dan zijn doorgetrokken naar de bron Kijkduin. Bijna iedere Hagenaar met een vochtige kelder meent intussen dat de Beek onder zijn huis doorloopt.

Bijenkorf
CENTRUM

Het Bijenkorffiliaal op de hoek van de Grote Marktstraat en de Wagenstraat is een ontwerp van Piet Kramer, die tot de Amsterdamse School wordt gerekend.
De opvallende gevel heeft een groot aantal decoraties en bestaat uit golvend metselwerk afgewisseld met glasstroken.
Het gebouw heeft bovendien een bijzonder trappenhuis dat is uitgevoerd in kostbaar gebeeldhouwd tropisch hout. Het trappenhuis heeft op elk van de vier verdiepingen een lichtvenster van schitterend gebrandschilderd glas van de hand van de kunstenaars Gidding, Hofman en Linse.
Toen het warenhuis in 1926 werd geopend, gold het interieur als buitengewoon luxe en modern. Bij de opening liep het storm, maar liefst 20.000 mensen kwamen kijken. De vier verdiepingen die als een galerij rond een open zeshoekige lichtval lopen, baarden opzien. Maar de grootste sensatie was toch wel de 'escalier roulant' oftewel de roltrap, de eerste van Nederland. Het publiek stond de eerste

tijd in de rij om een 'ritje' te kunnen maken op deze noviteit. Er stond zelfs een 'huisknecht' bij de trap die fungeerde als een soort verkeersregelaar. De roltrap was toen smaller dan de huidige variant en de treden waren van hout, dus nogal lawaaiig.
Tot in de jaren vijftig vormden die oude roltrappen in de Bijenkorf voor kinderen een soort kermisvermaak.
Het gebouw van de Bijenkorf geldt als één van de prominente iconen van de Amsterdamse School. In Den Haag zijn verder geen panden in deze stijl te vinden. En in Amsterdam vindt men geen mooiere.

Plaats: Grote Marktstraat

Het eerste warenhuis in Den Haag was de Grand Bazar, op de hoek van de Zeestraat en de Bazarstraat.

Bosje van Repelaer
HOFJE HET JAVALAANTJE

In de zeventiende eeuw lag er een klein landgoed net buiten de Haagse binnenstad. Het was genaamd landgoed Rosendoorn en lag ten noorden van de huidige Frederikstraat. Er stonden twee huizen: De Roos en De Doorn.
Die huizen zijn er niet meer en van het landgoed rest alleen nog een stadsparkje met de naam Bosje van Repelaer. Het ligt verscholen tussen de Mallemolen en de Frederikstraat.

Tot in de jaren zestig van de vorige eeuw stond hier nog de Frederikskazerne. Die werd in 1974 gesloopt, waardoor het Bosje van Repelaer weer min of meer tevoorschijn kwam. Totdat er nieuwbouw werd neergezet, en het Bosje van Repelaer opnieuw uit het zicht verdween, behalve dan voor de buurtbewoners. Het is een mooi en verzorgd stukje natuur met hoge bomen, planten en heesters. Het verkeer van de drukke Raamweg, die vlakbij ligt, is er nauwelijks te horen.

Het Bosje van Repelaer werd vernoemd naar de familie die er halverwege de negentiende eeuw woonde. Het parkje wordt doorsneden door het Javalaantje. Dit is een bijzonder charmant hofje dat rond 1850 werd gebouwd. De woningen waren bedoeld voor het burgerpersoneel van de Frederikskazerne.
De kleine witte huisjes van het Javalaantje staan met hun weelderig begroeide voortuintjes aan een smal pad. Oorspronkelijk hadden ze niet meer dan twee vertrekken, maar in 1911 werden ze voorzien van een uitbouw met keuken en toilet.

Rond de Javastraat ligt op loopafstand een aantal schilderachtige hofjes, waaronder de Mallemolen en Schuddegeest.
Het Bosje van Repelaer is toegankelijk vanuit de Frederikstraat.
Het Javalaantje ligt tussen de Koninginnegracht, de Frederikstraat, de Javastraat en de Mauritskade.

Plaas: Javastraat 99 t/m 161

In 1929 werd een nieuwe kazerne gebouwd tussen Hubertuspark en Van Alkemadelaan. Deze heet Frederikkazerne. Zonder s dus.

Boterwaag
GROTE MARKT

'Men kan zich geen drukker, luidruchtiger, roezemoeziger tooneel voorstellen, dan onze groote markt en Prinsegracht op een zomermaandag.'
Deze regels komen uit de pen van een journalist die in 1881 de marktdrukte beschrijft. Het had net zo goed een actuele beschrijving kunnen zijn van de huidige Grote Markt met haar vele terrassen. Het plein is tegenwoordig een druk bezochte ontmoetings- en uitgaansplek. De daar gevestigde horeca programmeert samen met het Paard van Troje het hele jaar door muziekoptredens en 's zomers wordt er op het plein een popfestival georganiseerd op een groot buitenpodium.

Het plein is niet altijd een uitgaansgebied geweest. In de Middeleeuwen stond er het St. Elizabeth Convent; een nonnenklooster dat in 1584 afbrandde. Het plein dankt zijn naam aan het feit dat het tot het eind van de 19de eeuw het belangrijkste marktplein van Den Haag was. De marktproducten werden via de Lutherse Burgwal aangevoerd. En nadat de Prinsegracht was gegraven, voeren de (Delflandse) boeren en (Westlandse) tuinders via de Loosduinsevaart en Prinsegracht richting de Grote Markt. Behalve dat er groenten, fruit en tarwe werd verkocht, was er iedere maandag en vrijdag ook een botermarkt. In de zeventiende eeuw kwam voor de handelaren aan de Prinsegracht, dicht bij de Grote Markt, het Boterhuis. Later werd daarnaast, op de hoek van het plein, de veel grotere Boterwaag gebouwd. Hier vond de groothandel in boter en ook in kaas plaats. De Boterwaag kreeg later nog tal van functies. Het heeft in de 19de eeuw zelfs als gevangenis dienst gedaan. De markt bleef bestaan tot de meeste grachten in het begin van de twintigste eeuw waren gedempt. In 1938 werd de Haagse markt verplaatst naar de Herman Costerstraat.

In de 20ste eeuw kwam De Boterwaag onder monumentenzorg en werd het pand gerestaureerd. Nu is er een populair grand café gevestigd. De oude weegschaal uit 1682, waarop eeuwen geleden de boter werd gewogen, is er nog te zien. Het café heeft een uitgebreid terras op de Grote Markt.
Tegenover dit terras, aan de andere kant van het plein, staat een opvallend modern ogend pand. Het werd daar al tussen 1918-1927 neergezet in de Nieuwe-Bouwen stijl. Opdrachtgever was de arbeiderscoöperatie De Volharding. In het gebouw kwamen kantoren en winkels en aan de buitenkant was lichtreclame. De architect, Jan Buijs, oogstte internationale roem met dit gebouw. De Volharding was in die tijd een hoogstandje van moderniteit, en moest de kracht van de arbeidersbeweging uitstralen. Dat doet het niet langer, maar een icoon van de Nederlandse bouwkunst is het nog steeds.

Plaats: Grote Markt

Jan Buijs ontwierp ook de Rudolf Steinerkliniek bij het Westbroekpark. Dat gebouw ziet er volkomen anders uit, en geeft uitdrukking aan het antroposofisch ideaal.

Bunker
CLINGENDAEL

Tijdens de Tweede Wereldoorlog was Rijkscommissaris Seyss-Inquart in Nederland de hoogste vertegenwoordiger van het Duitse Nazi-bewind. Hij had zijn intrek genomen in het grote huis op landgoed Clingendael. Om hem en zijn staf te beschermen tegen bombardementen moest er in de buurt een bunker komen. Deze werd gebouwd aan het eind van de Wassenaarseweg.

De kolossale commandobunker kostte de Nederlandse staat 2 miljoen gulden en is misschien wel de grootste bunker van ons land. Het bouwsel meet ongeveer 70 bij 30 meter. Het heeft muren van vier meter dik beton en een dak van eveneens vier meter dik. De bunker heeft twee verdiepingen en een uitbouw met twee keukens. Over de bunker werd ter camouflage een zadeldak met dakpannen geplaatst van zo'n 20 meter hoog. Dit betonnen dak wordt ondersteund door 42 betonnen spanten. Het is zo stevig dat een bombardement waarschijnlijk nooit echt schade aan de eigenlijke bunker had kunnen toebrengen.
Het geheel lijkt op een boerderij. Zelfs de buitenmuren werden beschilderd met het motief van rode bakstenen. Zo'n camouflage is uniek. Op het dak staan drie schoorstenen. Twee ervan zijn echter observatie- en luchtafweergeschuttorens.

Tot aan het eind van de oorlog werd er nog gebouwd aan de bunker, en of Seyss-Inquart er ooit heeft geschuild is onbekend. Naast de bunker bouwden de Duitsers een kazerne. Het gebouw doet ook nu nog dienst als kazerne voor het Nederlandse leger en ook de voormalige commandobunker heeft tegenwoordig een militaire functie. Maar welke precies is geheim. Op het landgoed Oosterbeek, dat grenst aan Clingendael, zijn nog drie bunkers te vinden.

Plaats: Wassenaarseweg, bij de Thérése Schwartzestraat.

Seyss-Inquart had nog een andere bunker, bij wijze van buitenverblijf, in Apeldoorn. Deze was niet vermomd als boerderij, maar als een witte villa.

De Cremerbank
SCHEVENINGSE BOSJES

Halverwege de Duinweg, tussen het groen, staat een monumentale, halve cirkelvormige bank, uitgevoerd in rode baksteen en natuursteen. De bank, ontworpen door de architect H.P. Vogel, is vernoemd naar de negentiende eeuwse schilder en schrijver Jacobus Johannes Cremer.

Het was zijn wens om niet met een grafmonument, maar met een bank in de natuur herinnerd te worden. Zodat 'zij, die er zich verpoozen, nog genot kunnen hebben', meende Cremer.
De bank staat op de Belvedère in de Scheveningse bosjes en biedt een prachtig uitzicht op de waterpartij.

De sociaal bewogen Cremer (1827-1880) werd met name bekend als schrijver.
Na een bezoek aan een Leidse textielfabriek publiceerde hij in 1863 zijn bekende novelle 'Fabriekskinderen, een bede, doch niet om geld'. Hierin vertelt hij het verhaal van de kleine Sander die net als zijn broertjes en zusjes onder erbarmelijk omstandigheden moet werken in de fabriek. Bovendien voert de schrijver een dialoog met de lezer/luisteraar, en probeert hem te overtuigen van het kwaad van kinderarbeid. Fabriekskinderen worden naar lichaam en ziel vermoord, zegt hij. De schuldigen? De onbarmhartige ouders die de kinderen voor zich laten werken, weten vaak niet beter omdat ze zelf ook zo opgegroeid zijn. Nee, de fabrikanten zijn schuldig omdat ze zich beroepen op de concurrentie. De politici en de koning zijn schuldig, omdat ze niets tegen de kinderarbeid doen. Cremer roept de wetgevers en de koning op om een verbod op de kinderarbeid in te stellen.
Met deze novelle en met de openbare brieven waarin Cremer zich bleef afzetten tegen kinderarbeid, heeft hij er mede toe bijgedragen dat in 1874 - eindelijk - een wet tegen kinderarbeid werd aangenomen. Het Kinderwetje van Van Houten verbood kinderen onder de twaalf jaar tot arbeid. Kamerlid Samuel van Houten zorgde voor een omslag in de Tweede Kamer, maar Cremer beïnvloedde de publieke opinie.

Aan de andere kant van de waterpartij, aan de Ver Huëllweg, staat nog zo'n monumentale bank. Deze is van wit marmer en staat er ter nagedachtenis aan jonkheer Ver Huëll (1820-1881). Hij was lid van het Haagse gemeentebestuur geweest en had zich sterk gemaakt voor de aanleg van de Scheveningse Bosjes.

Toen de bank in 1881 werd gebouwd, was er een plantsoenmedewerker die voor de aardigheid in de fundering een fles verstopte waarin een stukje perkament zat met de namen en leeftijden van de mannen die aan het monument werkten. Hij vertelde erover aan zijn kinderen, in de veronderstelling dat de geheime fles tot in lengte van dagen verborgen zou blijven. Want wie zou ooit die mooie, marmeren bank willen afbreken?

Tot een halve eeuw later de Tweede Wereldoorlog uitbrak. De oude Scheveningse bosjes werden zo goed als kaal gesloopt en de waterpartij veranderde in een tankval. De J.J. Cremerbank en de Ver Huëlbank werden gesloopt. Maar de fundering van de Ver Huëlbank werd niet weggebroken. Na de oorlog, toen de herstelwerkzaamheden in volle gang waren en de oude fundering moest worden geruimd, werd de geheime fles terug gevonden. Zeventig jaar na dato ontving de zoon van de negentiende eeuwse plantsoenmedewerker het perkament waarover zijn vader had verteld.

Plaats: Duinweg

Tegenover de Ver Huëllbank ligt het bekende Indische Monument, ter nagedachtenis aan Nederlandse burgers en militairen die tijdens de Tweede Wereldoorlog het slachtoffer werden van de Japanse bezetting van het voormalige Nederlands-Indië.

Hotel Des Indes

VOORHOUT

Het Hotel Des Indes met zijn weelderige inrichting ademt nog altijd de grandeur van de 19de eeuw.
Voordat het pand aan het Lange Voorhout een hotel werd, was het

een herenhuis.
Baron van Brienen, die een landhuis in Clingendael had, wilde ook een groot huis centraal in de stad, onder meer om er grote feesten en partijen te kunnen geven. Dus liet hij in 1858, naar men zegt voor anderhalve ton goud, een statig herenhuis aan het Lange Voorhout bouwen. Het kreeg een binnenhof met stallen en een hooischuur. Behalve privé-vertrekken waren er onderkomens voor de bedienden en natuurlijk was er een indrukwekkende balzaal.

Na de dood van de baron werd het pand verkocht en vertimmerd en in 1881 opende het hotel zijn deuren. Het werd een trefpunt voor mondain Den Haag. Er overnachtten vele grootheden: keizers, koningen en internationale beroemdheden, van de Indische Maharadja tot de Spice Girls.
In de beginjaren van het hotel werden er vaak overdadige feesten georganiseerd. Er was zelfs een eigen hotelorkest en wie wilde kon voor een rijksdaalder aanschuiven aan de dagelijkse Table d'Hôte.
Van meet af aan stond het hotel bekend om de luxe. Iedere verdieping had een badkamer, wat een bijzonderheid was voor die tijd. In 1900 kregen alle kamers een telefoon, al was het dan niet meer dan een soort intercom die in verbinding stond met de receptie. Er kwamen toen ook al vaste wastafels met warm en koud stromend water. En in 1902 kreeg het hotel een hydraulische lift die werkte op de druk van de duinwaterleiding.
Maar de mooiste noviteit bood het hotel in 1925: de gigolo. Dat was een danser voor dames die geen mannelijk gezelschap hadden. Het beviel uitstekend. Pas later kreeg de gigolo een negatieve reputatie.

Ook nu nog waant men zich in het chique hotel honderd jaar terug in de Haagse tijd. In de lounge kan men eten of thee drinken onder de kroonluchters.

Plaats: Lange Voorhout 54-56

De geschiedenis van Hotel des Indes is vol vallen en opstaan. Financiële schandalen, fraudezaken, branden, verregaande verwaarlozing, niets bleef het hotel bespaard. Toch wist het hotel zich steeds weer op te richten, en zijn vooraanstaande plaats te behouden.

Distilleerderijmuseum Van Kleef

CENTRUM

Lambertus Theodorus van Kleef nam in 1842 een kleine jeneverschenkerij aan de Lange Beestenmarkt over. Hij schonk zijn jenever onder andere aan de Scheveningse vissers die met hun vis op de markt stonden. De schenkerij groeide op den duur uit tot een fabriek van fijne likeuren en bitterextracten. Er werden dranken geproduceerd, geïmporteerd, geëxporteerd en verkocht in de aangrenzende slijterij. Lambertus verkocht ook eau de cologne en ruwe alcohol voor apothekers en schilders. Overigens woonde Vincent van Gogh een tijdje schuin tegenover de jeneverschenkerij.

Nadat de distilleerderij in 1986 sloot, ging de onderneming in 1995 weer open. Niet alleen als groothandel en borrel- en receptieaangelegenheid, maar ook als museum. De voormalige stoomdistilleerderij heeft een collectie van distilleerketels, stoomketels en apparaten. Er worden rondleidingen gegeven en er kan worden geproefd van de likeuren, jenevers en ander dranken, die nog volgens de oude recepten van Van Kleef worden bereid.

Plaats: Lange Beestenmarkt 109

In dezelfde straat is de ingang van het Hof van Wouw. Dit fraaie hofje kent een zeer bijzondere tuin, de Tuin der Hesperiden genaamd, waar allerlei vruchtbomen staan. De ingang van de tuin bevindt zich aan de Brouwersgracht, maar is alleen toegankelijk op speciale dagen. Men kan de tuinkamer afhuren voor recepties en dergelijke.

Duitse Bunkers
SCHEVENINGSE BOSJES

De Duitsers legden in de Tweede Wereldoorlog langs de Westeuropese kust de Atlantikwall aan. Onderdeel van deze verdedigingslinie zijn de dertien bunkers die aan weerszijden van de Badhuisweg werden gebouwd. Het grootste deel ligt in de Nieuwe Scheveningse Bosjes, geheel of gedeeltelijk onder de grond. Drie liggen er tussen de bebouwing aan de andere zijde van de Badhuisweg.

Op een voormalige munitiebunker, die goed zichtbaar is omdat hij gedeeltelijk boven de grond ligt, werd in 2004 in een riante villa gebouwd.
Een deel van de andere bunkers is opnieuw te voorschijn gehaald. Zo werd in 2008 de voorkant van een commandobunker uitgegraven. Na zestig jaar onder de grond bleken de camouflagebomen op de buitenmuren nog goed zichtbaar. Het interieur werd deels in originele staat terug gebracht. Nu heeft de Stichting Atlankikwall Museum Scheveningen er een expositieruimte.

Plaats: Badhuisweg tegenover nummers 119-13

Er zijn meerdere, concurrerende groepen liefhebbers in Den Haag die zich bezig houden met bunkers en meer in het algemeen militaire historie.

De Eendenkooi
ZUIDERPARK

De Eendenkooi is de oudste nog bewaarde oorspronkelijke plek in het Zuiderpark, vermoedelijk stamt hij uit 1550.
Een eendenkooi was een constructie om eenden mee te vangen. Het woord kooi is eigenlijk misleidend, want een eendenkooi heeft geen tralies of hekwerk. De eendenkooi in het Zuiderpark is een

kooibos van bijna 13.000 vierkante meter. Centraal ligt een grote vijver waarop vangpijpen uitkomen. Dit zijn smalle aftakkingen, ondiepe slootjes die overdekt zijn met netten of kippengaas. Naar het eind toe worden ze steeds smaller en tenslotte komen ze uit in een kist of fuik. De vangpijpen lopen in een bocht, waardoor de eenden bij de ingang niet kunnen zien dat ze doodlopen. Op de vijver en op het eilandje in de vijver verblijven een aantal vaste eenden die anderen eenden naar de plas lokken.

Het is de bedoeling dat de wilde eenden op een slimme wijze, met de hulp van een hond, de pijpen worden ingelokt. Maar voorzichtigheid was gewenst. De natuurlijke begroeiing van de kooi is onvoldoende om de kooiker - de eendenvanger - uit het zicht van de vogels op het water te houden. Daarom is de hele plas omgeven door rietschermen van twee meter hoog. Op zijn borst draagt de kooiker een bakje met daarin een heet gestoofde turf, om zijn lichaamsgeur te maskeren. Als de wilde eenden ver genoeg de vangpijpen zijn ingezwommen, vertoont de kooiker zich aan het begin van de pijp. Daarop schieten de geschrokken wilde eenden verder, zo de fuik in.

Tegenwoordig wordt de eendenkooi in het Zuiderpark niet meer als vangkooi gebruikt. Hij wordt alleen nog benut voor vogeltellingen en andere wetenschappelijke doeleinden. De kooi heeft de status van vogelrustgebied gekregen. Het is niet alleen de kraamkamer voor vogels uit de omgeving, maar ook een uniek stukje cultuurhistorie. Het broedseizoen loopt van 15 februari tot en met 15 augustus. Op aanvraag worden er buiten het broedseizoen rondleidingen gegeven.

Plaats: Marie Heinenweg 6

Eendenkooien zijn een typisch Hollandse uitvinding. Het kooikerschap is zelfs omringd met wettelijke maatregelen, en is opgenomen is de Flora- en Faunawet.

Vergaderzaal Eerste Kamer
BINNENHOF

Vanaf het Buitenhof, kijkend over de Hofvijver, zijn de gebouwen van de Eerste Kamer op de hoek van het complex van het Binnenhof goed te zien. Daar vergaderen de 75 leden van de Eerste Kamer iedere dinsdag in de voormalige vergaderzaal van de Staten van Holland.

De Staten van Holland en West-Friesland gaven Pieter Post in 1650 de opdracht tot het bouwen van een nieuwe vergaderzaal. De ruimte moest de Hollandse glorie en de zelfverzekerdheid van de Staten van Holland en West-Friesland uitstralen en recht doen aan hun nationale en international invloed.
Het werd een monumentale zaal met een indrukwekkende, kleurrijke plafondschildering. Daarop zijn vensters afgebeeld met groepjes mensen die nieuwsgierig toekijken wat er beneden wordt besproken. Het stellen de buitenlandse handelspartners voor van de toen zo machtige Republiek der Nederlanden.
In het midden van de plafondschildering is een venster te zien met de afbeelding van zes kinderen. Eén lijkt op het punt te staan om naar beneden te springen. Het gebouw van de Eerste Kamer kent meerdere zeer indrukwekkende ruimtes. We noemen er hier nog één: De Hall. Het is de centrale ruimte op de eerste verdieping waar Kamerleden elkaar informeel ontmoeten en waar ze bezoek kunnen ontvangen. Ook hier is met name het plafond zeer bijzonder. Het is een kap van glas in lood.

De wekelijkse plenaire vergaderingen van de Eerste Kamer op dinsdag zijn openbaar. Bovendien worden er rondleidingen door het gebouw van de Eerste Kamer gehouden.

Plaats: Bezoekerscentrum ProDemos, Hofweg 1.

De ingang naar de publieke tribune van de vergaderzaal van de Eerste Kamer is op nummer 23 van het Binnenhof. De deur is alleen open op dinsdag.

Eerste moskee

BENOORDENHOUT

Begin jaren zestig reden er elke vrijdag bussen vol moslims naar de Oostduinlaan. Daar was in 1955 de eerste Moskee van Nederland gebouwd: de Mobarak-moskee van de Ahmadiya gemeenschap. Het was er in die tijd zo druk, dat de gelovigen in ploegendiensten naar binnen gingen om hun vrijdagsgebed te kunnen doen.

De Ahmadiya-gemeenschap is een stroming binnen de islam, die zijn wortels heeft in Pakistan. Zij wilden hun geloof wereldwijd uitdragen en kwamen daarom in 1947 ook naar Nederland. Zij beschouwden zichzelf als missionarissen.
De eerste moskee werd dus niet speciaal gebouwd voor de gastarbeiders, want die waren hier in 1955 nog niet. In Den Haag liepen wel enkele honderden islamieten rond uit voormalig Nederlands-Indië en Suriname. Ook onder het ambassadepersoneel bevonden zich vanzelfsprekend moslims. Toch was het toeval dat de eerste moskee in Den Haag kwam.
Een Pakistaanse rechter, Muhammed Zafrullah Khan, die voor het Internationale Gerechtshof in Den Haag was gestationeerd, wist dat er een lapje grond aan de Oostduinlaan beschikbaar was, en nam het initiatief.

De Nederlandse christenen reageerden over het algemeen geschokt op de komst van de islamitische missionarissen, maar de gemeente Den Haag gaf de Ahmadiya-beweging wel toestemming om hun moskee te bouwen aan de Oostduinlaan. Het gebouw mocht echter niet herkenbaar zijn als moskee, het moest in de wijk passen en een onopvallende, villa-achtige uitstraling krijgen. De Voorburgse architect Frits Beck ontwierp een bakstenen gebouw in de stijl van de Delftse School. De Mobarak-moskee had aanvankelijk meer weg van een clubhuis of een artsenpraktijk. Later pas kwamen er minaretten, twee kleine koepeltorentjes op het dak, en kwam de naam Mobarakmoskee in Nederlandse en Arabische letters op de voorgevel.
Nadat er in de jaren zestig een stroom gastarbeiders uit Turkije en Marokko op gang kwam, werden er meerdere islamitische gebeds-

huizen voor moslims opgericht in Nederland en nam de grootste toeloop naar de Mobarak-moskee wat af.

PLaats: Oostduinlaan 79

Lang niet alle moslims erkennen de Mobarak-moskee als oudste moskee van Nederland. Zij vinden de Ahmadiya-gemeenschap geen echte moslims en het gebedshuis aan de Oosduinlaan dus geen moskee. De oudste moskee van Nederland zou volgens hen de moskee van het Islam Genootschap Nederland aan de Rozenburgstraat zijn.

Emma's Hof
VALKENBOS

Het Emma's Hof ligt in het Regentessekwartier, achter de huizen in de driehoek tussen de Beeklaan, Weimarstraat en Gallileïstraat.
In 1921 werd op deze grond het Patronaatsgebouw van de St. Agneskerk gebouwd. In de loop der jaren werd het gebouw door verschillende instanties gebruikt, tot het leeg kwam te staan en werd opgekocht door een projectontwikkelaar. Die wilde het gebouw afbreken om op het terrein woningen te bouwen. De buurt stak daar een stokje voor. Bewoners richtten in 2010 een stichting op en met de nodige subsidie werden het terrein en het patronaatsgebouw opgekocht. Men liet het vervallen gebouw slopen en er werd een prachtige stadstuin aangelegd met veel groen, slingerende schelpenpaden, hoogteverschillen, een moestuin, een amfitheatertje, een waterspeelplaats. Emma's Hof is een ontmoetingsplaats voor de buurtbewoners, maar vrij toegankelijk voor iedereen. De grote tuin wordt beheerd en onderhouden door de buurtbewoners.

Plaats: De toegangspoort naar Emma's Hof ligt tussen de huizen aan de Gallileïstraat.

Er waren vroeger vele patronaatsgebouwen in Den Haag. Ze hoorden bij de katholieke parochies. Er werd wat les gegeven aan de katholieke arbeidersjeugd, die veelal gewoon moest werken en niet naar het regulier onderwijs ging.

Florencia
CENTRUM

Florencia in de Torenstraat is niet zomaar een ijssalon. Sinds jaar en dag is het een bekende ontmoetingsplek, een trefpunt waar men om half acht 's morgens al terecht kan voor een kop koffie. Pas tegen half twaalf 's avonds sluit de ijswinkel zijn deuren.

In de jaren zestig van de vorige eeuw kon men er zelfs om half vijf 's morgens al terecht. In die tijd werden er bij Florencia dagelijks zo'n zesduizend koppen koffie geschonken. Het personeel van omliggende kantoren kwam de koffie met keteltjes tegelijk halen. Grondlegger van de ijssalon was Eduardo Talamini (1894) die het ijs maken van zijn Italiaanse vader leerde. Eduardo vestigde zich omstreeks 1911 in Den Haag waar hij een kleine ijssalon in de Kleine Nobelstraat begon. De dagomzet kwam vooral uit het schenken van koffie. Terwijl Eduardo met een ijswagentje de straat op ging, bestierde zijn dochter de winkel. Na een tijdje verhuisde de ijssalon naar de Torenstraat. Daar breidde Florencia zich langzaam maar zeker uit tot de huidige omvang. Het ijs dat gemaakt werd door de Talamini's werd beroemd in Den Haag.

In 1964 deed zich een tragisch ongeval voor. Eduardo bleef met zijn mouw in een ijsmachine hangen. Toen hij zichzelf wilde losmaken, kwam ook zijn stropdas vast te zitten en hij kwam om het leven. Eduardo werd opgevolgd door zijn zoon Giovanni en tot op de dag van vandaag is het een bloeiend familiebedrijf gebleven.

Plaats: Torenstraat 55

Ook elders in het land, en ook in België, zijn vaak al sinds jaar en dag Talamini's actief als ambachtelijke ijsbereiders. De meesten stammen uit Vodo di Cadore, een dorp in de Italiaanse Alpen.

Galerij prins Willem V
CENTRUM

Aan het Buitenhof, naast de Gevangenpoort, bevindt zich een klein maar heel bijzonder museum. In een hoge zaal met uitzicht over de Hofvijver hangen de wanden van de vloer tot aan het plafond vol met ongeveer 150 schilderijen. Het grootste deel is van de hand van Hollandse meesters uit de Gouden Eeuw. Er hangen onder andere werken van Rembrandt, Jan Steen, Philip Wouwerman en Gerard de Lairesse.

We hebben dit museum te danken aan de kunstliefde van prins Willem V. Die liet in 1774 de galerij bouwen om er de belangrijkste schilderijen uit zijn collectie tentoon te kunnen stellen. Op die manier kon hij imponeren met zijn overdadige rijkdom en tonen hoe verfijnd zijn smaak was. Maar Willem V had ook gevoel voor educatie, en stelde de expositieruimte af en toe open voor het beschaafde burgerpubliek. De galerij met de vorstelijke collectie was daarmee het eerste openbare museum van Nederland.
De entree van de Galerie is gecombineerd met die van de Gevangenpoort.

Plaats: Buitenhof 33

Een van de fraaiste schilderijen is een wat schalks ogend portret door Rubens van zijn eerste vrouw Isabella Brant.

De Gevangenpoort
CENTRUM

In de dertiende eeuw was de gevangenpoort een voorpoort van het Hof. Via de poort kwam men op het Buitenhof, dat toen nog het Nederhof heette. Het was een groot, open terrein, omgeven door water, een houten of stenen muur en een aarden wal. Er stonden dienstgebouwen van het kasteel, zoals een boerderij, een smederij, een hondenhok, een valkenhuis, paardenstallen. Er was zelfs een onderkomen voor enkele leeuwen. Pas vanaf 1428 werden er in het poortgebouw gevangenen opgesloten. Er werden cellen aangebouwd en een gerechtsgebouw. Toen kreeg de poort de naam Gevangenpoort.

De Gevangenpoort is nu een van de toeristische trekpleisters van Den Haag. De mensen komen kijken naar martelwerktuigen als brandijzers, beulszwaarden en beenblikken. Ze bezichtigen de pijnkelder, de treurkamer, de gajolen en de (min of meer) luxe cel waarin onder andere Cornelis de Witt opgesloten heeft gezeten.
Het gebouw werd na 1828 niet meer als gevangenis gebruikt. Het leger heeft er een aantal jaar materieel opgeslagen en vanaf 1883 kon het publiek het gebouw bezoeken.

In de loop der eeuwen kwamen er allerlei gebouwen op het Buitenhof. Er hebben zelfs ware paleizen gestaan. Ook langs de Hofvijver stonden huizen. Al het verkeer tussen Plaats en Buitenhof moest door de Gevangenpoort. Aan het eind van de 19de eeuw kwam de motorisering op gang en nam het verkeer sterk toe. Er reden auto's onder de poort door en zelfs een trammetje. Men overwoog om het poortgebouw te slopen zodat er plaats zou komen voor een weg en voor de nieuwe elektrische tram. Er was ook een alternatief plan om een dam in de Hofvijver aan te leggen waarover het verkeer kon worden geleid. Uiteindelijk besloot men de huizen tussen de Gevangenpoort en de Hofvijver plus de bebouwing langs de Hofvijver te slopen. Dat gebeurde in 1923. Langs de Hofvijver staat nog een monument om de doorbraak te herdenken.
De Hofvijver zelf werd in verband met de nieuwe weg een stukje kleiner gemaakt. Omdat de Gevangenpoort na de sloop nog

maar aan één kant gesteund werd door bebouwing, moest er als steunbeer een klein poortje aan de vrijgekomen kant worden aangebouwd. Pas nadat het oude poortgebouw extra werd verstevigd, is dat kleine poortje in 1961 weer afgebroken.

Plaats: Buitenhof 33

Een van de gebouwen tussen de Gevangenpoort en de Hofvijver die in 1923 werden gesloopt was de herensociëteit Plaats Royaal. Deze oudste club, kortweg de Haagse Club, is nu gehuisvest aan het Voorhout. Je moet van zeer hoge huize komen om voor een lidmaatschap te worden gevraagd.

Haags Gemeentemuseum

Het Haags Gemeentemuseum aan het Stadhouderslaan, dat in 1935 werd geopend, is een ontwerp van de architect Berlage. Het wereldberoemde museum met meerdere topstukken in de collectie is erg belangrijk voor de moderne en hedendaagse kunst.

Het opvallende, gele bakstenen gebouw wordt door twee grote, rechthoekige vijvers van de Stadhouderslaan gescheiden. Hiervoor werd gekozen om de rust in het museum te waarborgen. Tussen de vijvers ligt de opvallende entree: een lange galerij met aan weerszijde grote ramen die uitkijken op de vijver. Het interieur van het museum wordt geroemd vanwege het ruimtelijke effect dat Berlage met licht, hoogte en kleur heeft weten te bereiken.
Het museum is rond een binnenhof gebouwd, en rondom het museum ligt bovendien een tuin waarin een tiental beelden staat. De oorspronkelijke opzet van de achtertuin, met rode betegelde paden en groene gazons, is symbolisch voor de opvatting van de tuin als overgang van 'cultuur' naar 'natuur'. Hoe dan ook, het is er goed toeven. Er is een houten pergola, er staan fraaie zitbanken en er is een tuinpaviljoen met daarin een horecagelegenheid.

Zijn internationale roem dankt het Gemeentemuseum vooral aan de Mondriaancollectie. In de jaren vijftig wist de toenmalige directeur Wijsenbeek de Mondriaanverzamelaar Sal Slijper te bewegen vele tientallen Mondriaans in bruikleen te geven. Mondriaan was toen nog niet zo beroemd als nu, maar Wijsenbeek zag de mogelijkheid om aan de hand van de werken de hele ontwikkelingsgang van de moderne kunst te tonen. Na de dood van Slijper bleek deze al zijn Mondriaanwerken definitief aan het Gemeentemuseum te hebben nagelaten. De schilderijen vormen een mooi ruilobject waarmee ook andere grote wisseltentoonstellingen naar Den Haag gehaald kunnen worden.

Plaats: Stadhouderslaan 41

Een van de mooiste horecaterrassen van Den Haag ligt in de achtertuin van het gemeentemuseum: Brasserie Berlage. Architectonisch vormt het een geheel met het museum.

Het Haags Historisch Museum

CENTRUM

Het Haags Historisch Museum in de Sint Sebastiaandoelen aan de Hofvijver toont de geschiedenis van Den Haag. De vaste collectie en de tijdelijke tentoonstellingen laten typisch Haagse aspecten van vroeger en nu zien. Zo hangt er het panoramaschilderij 'Gezicht op Den Haag' uit 1651 van Jan van Goyen.

Tot de topstukken behoort ook een klein houten kistje met een glazen plaat waardoor de lugubere inhoud kan worden bekeken. Het gaat hier om een tong en een vinger afkomstig van een van de gebroeders De Witt.
Zij werden in 1672 op het Groene Zoodje aan de Plaats opgehangen aan een paal en gruwelijk verminkt. Lichaamsdelen

werden door de woedende bevolking afgesneden, meegenomen, verkocht of zelfs opgegeten. Medestanders van de gebroeders De Witt wisten in het bezit van de tong en de vinger te komen. Zij bewaarden de gezouten en gedroogde lichaamsdelen als relieken in een zilveren doos. In 1888 kwamen ze in het Gemeentemuseum terecht en om ze te exposeren werd het houten kistje met kijkplaat gemaakt. Het publiek reageerden echter geschokt en de gemeenteraad verbood in 1894 het exposeren van de lichaamsdelen. Maar tegenwoordig zijn ze dus weer gewoon te zien in het Historisch Museum.

Plaats: Korte Vijverberg 7

Het gebouw waarin het museum is gevestigd, de Sebastiaansdoelen, was het gebouw van de gelijknamige schutterij. De schutterij bestond uit 120 man, verdeeld in vier compagnieën, die elk een deel van de stad toegewezen kregen. Mochten er onlusten ontstaan of ander onraad, dan konden ze in actie komen.

Haags Openbaar Vervoer Museum

SCHILDERSWIJK

In de oude tramremise - uit 1906 - aan de Parallelweg kunnen liefhebbers van historische trams en bussen hun hart ophalen, het staat er vol oud materieel. Op de dagen dat het museum open is, worden er ritten gereden met de oude bussen en trams.

Op tramgebied had Den Haag in Nederland een voortrekkersrol. In 1864 reed hier de eerste paardentram tussen de Kneuterdijk en Scheveningen. De lijn liep, toen al, voor een groot deel tussen de bomen van de Scheveningse Weg. Ook lijn 11 was bijzonder: deze tram legde zijn traject af met een hogere gemiddelde snelheid dan de Parijse metro, zo werd in de jaren dertig becijferd.

Het museum heeft een groot aantal voertuigen in zijn collectie. Het bekendst zijn nog de groengele PCC-trams, met hun schuine voorruiten. De remise waarin het museum is gevestigd was nog tot 1983 in gebruik. In 1988 werd het op de monumentenlijst geplaatst. Het museum is doorgaans op zondag geopend, van april tot oktober.

Plaats: Parallelweg 224

Vanuit het museum vinden tegen geringe vergoeding rondritten met historische trams plaats.

Haagse Bluf

CENTRUM

Aan de Dagelijkse Groenmarkt, waar ooit de oude Citybioscoop stond, vormt een Jugendstilgevel de ingang naar De Haagse Bluf. Dit winkelgebiedje is een afgeschermd stuk binnenstad tussen de Venestraat, de Nieuwstraat, de Dagelijkse Groenmarkt en de Vlamingstraat.

De Haagse Bluf werd in 2001 geopend. Het bestaat uit ongeveer 6.000 vierkante meter winkels en horeca. Rond een plein hebben de panden gevels die zijn nagemaakt naar bestaande oude gevels in Den Haag en Delft. Zo is er een kopie van de gevel van het Pagehuis uit 1681 aan het Lange Voorhout, en een kopie van een 19de eeuwse gevel aan de Denneweg. De kopieën worden afgewisseld met moderne glasgevels.

Op het plein zelf staat een oude fontein afkomstig uit een plaatsje aan de Franse Côte D'Azur. En er is een fontein met een muurschildering. Dit alles moet het winkelgebied een idyllisch, mediterraan karakter geven. Er is een Venetiaanse toren met 36 carillonklokken en een kleine, overdekte 'Engelse' passage met ambachtelijk houtsnijwerk. In het winkelcomplex zijn met name duurdere winkels gevestigd. Op de eerste etage bevindt zich horeca en een groot dakterras.

Plaats: Dagelijkse Groenmarkt, Venestraat, Vlamingstraat

De naam speelt in op het idee dat Hagenaars zich graag groter voordoen dan ze zijn. Voor dit winkelgebied is de naam niet slecht gekozen.

Het Haagse Bos
CENTRUM

Het Haagse Bos, dat tussen de Benoordenhoutseweg en de Bezuidenhoutseweg ligt, maakte ooit deel uit van een wildernis die zich uitstrekte van de Haarlemeerhout tot aan Alkmaar.
Het bos liep in de richting van de stad door tot aan het Lange Voorhout. Zonder het Haagse Bos zou het Binnenhof, en dus Den Haag, niet zijn ontstaan. Het leverde hout om het Binnenhof warm te houden. Ook de inwoners van het dorp dat rond het Hof ontstond, haalden hun hout uit het bos, joegen er op wild en haalden vogelnesten leeg. Totdat in de vijftiende eeuw graaf Filips de Goede sloten rond zijn bos liet graven. Er kwamen twee toegangen met portiers, het eenvoudige volk mocht er niet meer in.
Het Malieveld lag in de Middeleeuwen nog midden in het bos. De Haagse adel speelde er regelmatig een spelletje kaatsen. En op de Koekamp werden runderen gehouden. Met de dieren werden zelfs een soort stierengevechten georganiseerd.
Toen in de zestiende eeuw de Spanjaarden de macht overnamen, kapten zij een groot deel van de bomen. Het hout hadden ze nodig voor het beleg van Leiden. Vervolgens velde een flinke storm ook nog eens driehonderd bomen.
Toen tijdens de tachtigjarige oorlog de Staatse troepen Den Haag weer in handen hadden, dreigde het bos zelfs geheel gekapt te worden. Voor de oorlog tegen de Spanjaarden had de regering

geld nodig, en verkoop van het Haagse Bos met al dat hout zou heel wat opleveren. Maar de Haagse burgers kwamen in opstand tegen deze verkoop.

Vervolgens vaardigde Willem van Oranje in 1576 de Akte van Redemptie uit. Dit was in feite de allereerste natuurbeschermingswet. In de akte werd vastgelegd dat de bomen en de grond van het Haagse Bos nooit mochten worden verkocht en dat de staat voor het bos moest zorgen. Het werd weer opengesteld, de Haagse adel hield er weer rijtochtjes en het volk vierde er feest. De kermissen in het bos liepen zo vaak uit de hand dat ze in de 18de eeuw werden verboden.

Met de komst van Napoleon werd het bos opnieuw bedreigd. Hij gaf opdracht om het te kappen zodat er op de vrijgekomen grond aardappels konden worden geteeld. Maar de landmeter, die opdracht had gekregen om het bos eerst in kaart te brengen, treuzelde nogal. Tegen de tijd dat hij klaar was met zijn opdracht, waren de Fransen alweer vertrokken. Daarna waren het de Duitsers die tijdens de Tweede Wereldoorlog de helft van het bos omhakten, en ook de Hagenaars zelf gingen voor stookhout naar het Haagse Bos. De bomen die er nu nog staan, zijn dus voor het grootste deel na de oorlog geplant. Een paar eeuwenoude, indrukwekkende eiken en beuken zijn bewaard gebleven. En nog altijd geldt voor het Haagse Bos de Akte van Redemptie uit 1576.

Plaats: Benoordenhoutse- en Bezuidenhoutseweg

Het Haagse Bos en de Haarlemmerhout zijn de oudste bossen van ons land.

Havenhoofden

SCHEVENINGSE VISSERSHAVEN

De noordelijke en de zuidelijke Scheveningse havenhoofden worden in de zomer druk bezocht door toeristen, maar 's avonds komen er vooral vissers met hun families. De strekdammen steken ver in zee en op beide havenhoofden staat een zeskantig havenlicht. Daar, min of meer beschut tegen de zeewind, heeft men een prachtig uitzicht op de Scheveningse boulevard.

Tegen zes uur 's morgens varen de eerste vissersboten de haven binnen. Op de Visafslag Scheveningen wordt de vers gevangen vis aan wal gebracht en gesorteerd en tegen zeven uur begint in de veilingzaal de veiling met de traditionele veilingklok.
Naast de veilingzaal is de Kantine Visafslag. Dit is een grote zaal, gebouwd in de jaren zestig, van maar liefst tien meter hoog. De zaal bevindt zich op de eerste verdieping van de oude visafslag. De metershoge glazen gevel biedt uitzicht op het Scheveningse havengat. Hier drinken vissers en afslagmedewerkers sinds jaar en dag 's morgens hun bakkie koffie. Het is geen openbaar café, maar de zaal kan wel gehuurd worden voor feesten.

Tot het eind van de jaren zestig liep het Verversingskanaal nog door tot in de zee. Er was een woonwijkje aan het eind van de Kranenburgweg, waar nu de derde haven is. Het wijkje lag op een schiereiland, een beetje geïsoleerd van de rest van Scheveningen. Het werd 'het eiland vloek' of 'Vlookeiland' genoemd. De kleine huizen waren omringd door de zee, haven, duinen en de zeesluis in het Verversingskanaal. Het wijkje was alleen bereikbaar via het laatste stukje van de Kranenburgweg. In de kleine woningen woonden grote gezinnen en de mannen werkten vaak op een van de vissersschepen. Eind jaren zestig werd het wijkje gesloopt, de monding van het Verversingskanaal werd gedempt en de sluis moest in 1973 plaats maken voor de aanleg van de terminal van de Norfolk-line en de derde haven. Het enige wat nog rest van de wijk is de sluiswachterswoning aan het eind van de Kranenbrugweg.

Plaats: Visafslagweg 1

De vvv organiseert rondleidingen op de Scheveningse visafslag.

Hemels gewelf
PUINDUINEN

Verstopt in de duinen bij Kijkduin ligt het meest mysterieuze kunstwerk van den Haag: Het Hemels Gewelf. Om er te komen moet men eerst de steile, houten duintrap nemen aan de Machiel Vrijenhoeklaan. Van daar voert een betonnen gangetje naar een kunstmatig aangelegde krater, een met gras begroeide kom van ongeveer 30 meter breed, 40 meter lang en met randen van wel vijf meter hoog. In het midden van deze kom staat een grote natuurstenen bank. Wie achteroverliggend op de bank omhoog kijkt en even de tijd neemt, ervaart de hemel als een gewelf. Het lichtruim lijkt zich tot een koepel te krommen, de randen gespannen om de randen van de kom. Dit is een sensationele gewaarwording.

Ter vergelijking staat er op een duintop verderop nog zo'n stenen bank. Deze duintop biedt uitzicht op de omgeving. Liggend op die bank ervaart men de hemel gewoon zoals die is. Het Hemels Gewelf werd gemaakt door de Amerikaanse kunstenaar James Turell.

De oude duinen nabij Kijkduin stelden in het verleden niet veel voor. Ze waren zelfs zo vlak dat er in 1919 het kleine vliegveld Ockenburg lag. Na de Tweede Wereldoorlog besloot de gemeente om ter versteviging van de kust bij Kijkduin duinen te maken met onder andere het puin en afval van de gesloopte Atlantikwall. Deze puinduinen werden in 1968 voltooid en ontwikkelden zich daarna tot een recreatiegebied.

Plaats: Machiel Vrijenhoeklaan 175, tegenover restaurant De Haagse Beek.

Het kunstwerk is ook via een glooiende maar langere route bereikbaar, beginnend bij de kruising van de Machiel Vrijenhoeklaan.

Dunne Bierkade
CENTRUM

Aan de Dunne Bierkade woonden ooit drie beroemd geworden schilders dicht bij elkaar.

Jan van Goyen (1596 - 1656) was niet onbemiddeld. Hij speculeerde met ontroerend goed en met tulpenbollen. Rond 1640 liet hij een paar huizen aan de Dunne Bierkade bouwen. In één ervan, op nummer 16, ging hij wonen. Dit pand is nu herkenbaar aan de rode luiken. Jan Steen kwam in 1649 als 23-jarige leerling bij hem inwonen en trouwde niet veel later met zijn dochter.

Van Goyen verhuurde het naastliggende huis op nummer 17 aan Paulus Potter. Die had zijn atelier in de tuin achter het huis. Het is niet onwaarschijnlijk dat hij daar zijn beroemde stier heeft geschilderd.

Op nummer 18 liet de stadstimmerman (wat wij tegenwoordig een gemeentearchitect zouden noemen) Balckeneynde ook een huis bouwen. Hij was de architect van Paleis Noordeinde, Huis ten Bosch en het Catshuis.

Paulus Potter trouwde met de dochter van Balckeneynde. De paleizenbouwer was overigens niet gelukkig met dat huwelijk. Wat moest zijn dochter met zo'n eenvoudige dierenschilder?

De Dunne Bierkade en omgeving maken nu deel uit van een door het Rijk beschermd stadsgezicht. Achter de nummers 16 tot en met 20 en 28 ligt een uniek tuinencomplex met tuinontwerpen uit de 17de, 18de en begin 19de eeuw. Dit historisch tuinencomplex is bereikbaar via een poort naast nummer 27. Boven de poort bevindt zich een tekst: 'deze leidt onvermoed, naar ruimte tot ons geestelijk goed.' De tekst verwijst naar het kerkje dat in de tuin achter nummer 16 staat, het is een zaalkerk van de Vergadering van Gelovigen. Wie de poort doorgaat loopt door een schilderachtige steegje waaraan ook het Spinozahuis ligt (de achterkant). Het steegje voert naar een pand in Chalet-stijl met een overstekend dak en groot balkon met buitentrappen. In de 18de eeuw werd in dit bijzondere pand het beroemde Haagse porselein gemaakt.

Hier is de ingang naar het prachtige tuinencomplex met geschoren hagen, schelpenpadjes, lei-peren, kweeperen, lei-linden, een noten-

boom, een fontein, een oude waterput, een vijver en eeuwenoude tuinmuren.
Het historisch tuinencomplex wordt tijdens monumentendagen doorgaans opengesteld.

Plaats: Dunne Bierkade 16, 17, 18

De Dunne Bierkade was onderdeel van de grachtengordel die begin 17de eeuw rond Den Haag werd gegraven. De gracht dankt zijn naam aan het feit dat hier het veelal Delftse bier werd aangevoerd. Dun bier was bier met nauwelijks alcohol, dat de gehele dag gedronken kon worden als alternatief voor het ongezonde water.

Hofje van Nieuwkoop
CENTRUM

Het is misschien wel het mooiste hofje van Den Haag en het behoort in elk geval tot de grootste in ons land.
Het Hofje van Nieuwkoop dateert uit de 17de eeuw en werd gesticht door Johan de Bruijn van Buijtewech, heer van Nieuwkoop en Achttienhoven. Deze steenrijke Hagenaar had een buitenplaats aan de Warmoesstraat. Rondom zijn huis lag een tuin die werd omsloten door een muur met een poort. De Bruijn besloot dat na zijn overlijden op de plaats van het huis een hofje moest komen voor arme of behoeftige weduwen.

Het hofje werd in 1662 gebouwd naar een ontwerp van Pieter Post. Hij nam in zijn ontwerp het huis van De Bruijn op. Dat is het huidige regentenhuis dat in het hofje recht tegenover de hoofdingang staat, het monumentale poortgebouw aan de Prinsegracht. Het is rijk versierd met beeldhouwwerk waarin de wapens van de stichter en zijn vrouw zijn verwerkt.

In de tweede helft van de negentiende eeuw werd het hofje naar een ontwerp van Van Liefland uitgebreid. Tijdens een grondige restauratie, waaraan men in 1970 begon, werd de uitbreiding uit de negentiende eeuw gesloopt. De oorspronkelijke 17de eeuwse geometrische tuinaanleg is tijdens de renovatie teruggebracht.
Nu staan er 62 woonhuizen in een rechthoek om een grote tuin met bleekveldjes, sier- en nutstuinen en een padenkruis. In het midden van het binnenterrein stonden ooit de privaten, tegenwoordig staat daar de 18de eeuwse pomp die vroeger ergens in een hoek van het hofje stond.

Den Haag heeft meer dan honderd hofjes en vele daarvan zijn onverwacht mooi. Zo is er bijvoorbeeld het Rusthof uit 1842. Dat is ook een liefdadigheidshofje maar het heeft een heel ander karakter dan het Hofje van Nieuwkoop. Hier zijn de huizen in fasen gebouwd en vormen daardoor geen eenheid, in tegenstelling tot de huizen van andere hofjes.
Rusthof is niet zo makkelijk te vinden. Het ligt achter het Lange Voorhout, naast de heilige Jacobus kerk. De ingang is aan de Parkstraat 41-61. Er is een onopvallende, groene deur tussen de woonhuizen met het opschrift 'Rustoord'. Achter deze deur loopt een smalle gang tussen de huizen naar een binnentuin met oude perenbomen. De woningen hier zijn alleen bestemd voor vrouwen. Vroeger woonden er met name weduwen en dienstboden die na hun 'pensionering' geen inkomsten en onderkomen meer hadden. Rusthof is dagelijks tussen tien en vijf uur te bezichtigen.

Plaats: Prinsegracht; Warmoezierstraat 44

Het regentenhuis werd in de 19de eeuw een tijdje verhuurd aan Pulchri Studio en daarna aan beeldend kunstenaars die er hun atelier hadden.

De Hofvijver
CENTRUM

De Hofvijver vormt eigenlijk de geboorteplek van Den Haag. Ooit kwam vanuit het Haagse Bos de - later gedempte - Bosbeek op de hofvijver uit. In de 13de eeuw liet graaf Willem II naast het duinmeer een kasteel bouwen dat zich in de loop der eeuwen ontwikkelde tot het Binnenhof.

Het duinmeer werd in de 13de eeuw uitgediept en later kreeg het de huidige rechthoekige vorm met de hoge kademuren om het water. De Hofvijver werd onderdeel van de slotgrachten rond het Binnenhof. Het Binnenhof zelf was alleen bereikbaar via bruggen. Om vers water in de Hofvijver te krijgen, werd in de veertiende eeuw vanuit de duinen de Haagse Beek verlegd en aangelegd.
In de Hofvijver werden karpers en palingen gekweekt en er werd gevaren. Het schijnt dat Albrecht van Beijeren de Hofvijver ooit eens helemaal heeft laten leeglopen omdat een dame tijdens een pleziervaartje haar ring in het water verloor. Overigens liet men de Hofvijver en de grachten ter verversing wel vaker leeglopen. Het water liep dan weg via het Spui. Waarschijnlijk stonden er stuwen in de grachten waarmee het water uit de Beek tijdelijk kon worden tegenhouden. De Hofvijver en de grachten werden door de groeiende bevolking gebruik als riool, waardoor de vervuiling en stankoverlast van het water in de loop der eeuwen ernstig toenam. Begin negentiende eeuw is de Hofvijver weleens beschreven als de 'groote vergaarbak der menschelijke uitwerpselen van een groot deel der stad.' Pas met de komst van een goede riolering kwam daaraan een eind.

Het eilandje in de Hofvijver bestaat ongeveer 300 jaar en het is niet bekend hoe dat is ontstaan. Het is begroeid met bomen en eenjarige planten. Naast het eiland is een fontein en voor het Binnenhof liggen bakken met lelies in het water.
Rondom de Hofvijver liggen prachtige historische panden, waaronder een aantal musea. Het water wordt begrensd door het Buitenhof, het gebouw van het Binnenhof, het Mauritshuis, de Lange Vijverberg en de Korte Vijverberg.

Aan de kant van het Buitenhof stonden de huizen tot in de twintigste eeuw direct aan het water. Tot ze in 1923 werden gesloopt om betere doorgang te kunnen geven aan het steeds drukker wordende verkeer.

Langs de hoge kade aan de Lange Vijverberg flaneren de Hagenaars sinds jaar en dag onder de hoge bomen. Alleen op de hoek van de Korte en de Lange Vijverberg lopen de hoge kades af naar het water. Op deze plek konden vroeger de paarden drinken.

Na zonsondergang wordt de Hofvijver prachtig verlicht. Op en rondom het water vinden regelmatig evenementen plaats. Zo worden er zomers bijvoorbeeld concerten georganiseerd en in de winter wordt er vaak een drijvende schaatsbaan aangelegd.

Plaats: Lange Vijverberg

Al sinds eeuwen zijn er zwanen op de Hofvijver. In de Middeleeuwen werden ze gegeten. De zwanen werden vetgemest door de zogenoemde Zwanengraaf.

Hofwijck
VOORBURG

Vanaf station Voorburg leidt een rij moeraseiken het zicht naar Hofwijck, een groot zeventiende eeuws, kubusvormig huis met piramidedak, dat omringd wordt door een vijver. Op de buitenmuren prijken vijftien grisailles: schilderingen die op beelden lijken.
Hofwijck werd in 1641 vlak naast de Vliet gebouwd, in opdracht van Constantijn Huygens (1596-1687). Huygens was een veelzijdig man. Hij dichtte, componeerde, ontwierp tuinen en gebouwen. Hij was diplomaat en als secretaris trouw aan drie opeenvolgende Oranjestadhouders. Bovendien was hij de vader van de geleerde Christiaan Huygens, uitvinder van onder andere het slingeruurwerk.

Constantijn Huygens was zijn hele leven op zoek naar harmonie. Hij dacht die gevonden te hebben in de maatverhoudingen van de menselijke figuur. Dit was een idee van de Romeinse architect Vitruvius, die in de zeventiende eeuw erg in de mode raakte. Met dit idee in zijn achterhoofd ontwierp hij in 1640 zijn buitenplaats Hofwijck, in samenwerking met de architecten Jacob van Campen en Pieter Post. In een gedicht getuigt Huygens ervan hoe, na veel proeftekeningen, de hoofdindeling van het tuinontwerp ineens een menselijke figuur vormde. Het hoofd werd gevormd door het huis zelf, met vensters voor de oren, neusgaten en ogen.

Op de plek waar nu het Voorburgse station ligt, liet Huygens een heuveltje met uitzichttoren aanleggen. Vanaf die plek was de min of meer menselijke figuur van de tuin goed te zien.

Hofwijck werd een gastvrij landhuis. In de pronkzaal en in de tuin werd regelmatig gemusiceerd. Men kon boogschieten onderaan de berg, fruit plukken in de boomgaard of kegelen langs de Vliet. In de zomermaanden woonde zoon Christiaan Huygens er.

Ook tegenwoordig is het aardig om rond te dwalen in de tuin, ondertussen luisterend naar een audiotour met zeventiende eeuwse muziek, die door Huygens zelf ooit werd gecomponeerd. De padenstructuur en de beplanting van de tuin is in 2004 volgens het oorspronkelijke ontwerp van Huygens herschapen. Het huis zelf is ook te bezoeken. Er is een permanente tentoonstelling, die is gewijd aan het leven van Constantijn en Christiaan Huygens. Er worden rondleidingen en diverse activiteiten georganiseerd.

Plaats: Westeinde 2a, Voorburg

Huygens heeft niet alleen aan de Scheveningse Weg en het Lange Voorhout een groot gedicht gewijd (Zeestraet en Voorhout), maar ook aan zijn eigen Hofwijck, wat betekent: weg van het hof, en dus weg van de politieke sores.

Hondengrafjes
LANDGOED CLINGENDAEL

Onder een oude lindeboom, schuin achter het grote huis op landgoed Clingendael, ligt een aantal kleine grafstenen. Het gaat hier om de grafjes van de hondjes van Marquerite M. Baronesse van Brienen. Zij leefde van 1871 tot 1939 en werd freule Daisy genoemd. Deze freule was voor de Tweede Wereldoorlog de laatste eigenaresse en bewoonster van Clingendael.

Het landgoed werd in de zestiende eeuw gekocht door Philips Doublet, een hoge ambtenaar in de Republiek, en in de negentiende eeuw kreeg het de huidige vorm in Engelse landschapstijl.
Freule Daisy is nooit getrouwd en kreeg geen kinderen, maar ze was een echte hondenliefhebster. Haar eigen honden liet ze begraven onder de grote vrijstaande linden achter het huis op landgoed Clingendael. De hondengrafjes kregen rechtopstaande stenen met ontroerende teksten als: 'My ever loyal litte friends' of 'My beautiful playful Sonnie'. Vanuit het huis had de freule goed zicht op de grafzerken.

In de Tweede Wereldoorlog werd het landgoed onderdeel van de Atlantikwall. Alle bomen moesten gekapt, alleen het huis bleef staan. Rijkscommissaris Seys-Inquart nam er zijn intrek. Hij liet de zerken op de hondengrafjes plat leggen omdat hij bang was dat scherpschutters zich erachter zouden kunnen verschuilen. Na de oorlog werden de stenen niet meer rechtop gezet.

Een ander erfgoed van freule Daisy is de Japanse tuin. Per schip reisde zij naar Japan en raakte daar onder de indruk van de Japanse tuinkunst. Ze liet lantaarns, een watervat, beeldjes, bruggetjes en een paviljoen naar Nederland verschepen, en richtte rond 1910 op het landgoed haar eigen Japanse landschapstuin in. Het is nog altijd een schitterende tuin vol Oosterse elementen. Omdat het in Nederland de enige uit die tijd is, heeft deze Japanse tuin dan ook een hoge historische waarde.

Clingendael heeft meer te bieden; er zijn waterpartijen, een theeschenkerij, een speeltuin, een oudhollandse tuin. De Japanse tuin is vrij toegankelijk, maar alleen in april en mei.

Plaats: De hoofdingang ligt aan de Wassenaarseweg.

Freule Daisy is nooit getrouwd. Ze had een sterk sociaal gevoel. In de Eerste Wereldoorlog stelde ze Clingendael ter beschikking van het Rode Kruis, om er Britse militairen te laten herstellen van de 'prikkeldraadziekte'. Officieren, wel te verstaan.

Hubertuspark
WAALSDORP

Bovenop het Hubertusduin bevindt men zich 30 meter boven de grond. 20 Meter onder de grond is de Hubertustunnel, die dwars door het zandduin is geboord. De tunnel ontlast in belangrijke mate de woonwijk Waalsdorp, waar men voor de aanleg de tunnel veel last had van doorgaand sluipverkeer.

Het Hubertuspark vormt één geheel met de Waalsdorpervlakte en Meijendel, al wordt de verbinding belemmerd door het enorme terrein van de Frederikkazerne. Aan de stadskant van het Hubertuspark ligt het Ministerie van Infrastructuur en Milieu. Het is misschien aan deze inbouw te danken dat het fraaie Hubertuspark, met zijn hoge heuvelachtige terrein, bij maar weinig Hagenaars bekend is.

Het park oogt als een volkomen natuurlijk duinbos, toch is het gedeeltelijk aangelegd. In de crisisjaren van de vorige eeuw werd er een hoog duin opgeworpen, dat al gauw de naam 'bloedberg' kreeg omdat het met bloed, zweet en tranen was gemaakt. Vanaf de hoge top had men een mooi uitzicht over de stad, de zee en de Oostduinen. Helaas is alles nu dichtgegroeid.

Ten westen grenst het Hubertuspark aan de stadskwekerij. Op dit terrein bevonden zich al vanouds kwekerijen. De gemeente Den Haag exploiteerde vroeger meerdere kwekerijen ten behoeve van de gemeentelijke plantsoenen. Nu is de kwekerij aan de Kwekerijweg nog de enige. De Kwekerijweg loopt fraai rond een eilandje dat in De Sprang ligt. Deze waterloop is ontstaan toen het zand er in dezelfde crisisjaren werd weggegraven ten behoeve van nieuwbouwactiviteiten in Rotterdam. Via dit water, en via het Kanaal, kon men het zand afvoeren.

Toegang via Klatteweg, Van Voorschotenlaan of Sint Hubertsweg

In de crisisjaren, met zijn vele werkverschaffingsprojecten, ontstonden er in het land wel meer bergen die met bloed, zweet en tranen waren gemaakt, en dus bloedberg gingen heten.

Stadhuis
CENTRUM

De gemeente wilde in de jaren tachtig van de vorige eeuw een nieuw stadhuis en schreef in 1986 een prijsvraag uit voor het ontwerp. Het moest een architectonisch hoogstandje worden, maar ook een middel om de enigszins verloederde Haagse binnenstad een impuls te geven.
Uiteindelijk ging het om de keuze tussen twee ontwerpen: één van de Nederlandse ontwerper Rem Koolhaas, en één van de Amerikaan Richard Meijer. Tijdens de besluitvorming werd er binnen de gemeente flink geruzied, met name over de financiën. De PvdA raakte verdeeld in twee kampen. De partij had in die tijd een aantal wethouders in het college van Burgemeesters en Wethouders. Wethouder Adri Duyvestein van ruimtelijke ordening en stadsvernieuwing was een groot voorvechter van het ontwerp van Meijer. Dat ontwerp won uiteindelijk, maar Duyvestein moest aftreden.

Het stadhuis werd in de periode van 1990-1995 gebouwd. De opvallende gevels van het stadhuis zijn bekleed met witte, aluminium panelen. Eigenlijk hadden die wit geëmailleerd moeten worden, maar dat was te duur.

Het gebouw heeft twee lange kantoorvleugels van elf verdiepingen hoog. Daartussen ligt het met glas overdekte, wigvormige atrium van 4.500 vierkante meter. Het is het indrukwekkende hart van het gebouw. Twee liftschachten zijn met loopbruggen verbonden aan de kantoren op de verschillende verdiepingen. Vrij toegankelijk zijn de begane grond en de eerste verdieping. Hier zijn de gemeentelijk balies, zoals burgerzaken en sociale zaken. Er worden in het atrium regelmatig evenementen en tentoonstellingen georganiseerd. Aan de kop van het complex, in een cilindervormig gebouw, is de openbare bibliotheek gehuisvest. Het stadhuis ligt aan het Spui. Het Atrium is 's avonds en op zondagen en feestdagen gesloten.

Plaats: Spui 70

Zodra er in de stad een opvallend nieuw gebouw wordt opgericht is de groen-gele gemeente er als de kippen bij om een bijnaam te verzinnen. Het stadhuis wordt het IJspaleis genoemd.

Indisch Monument
SCHEVENINGSE BOSJES

Het Indisch Monument in de Scheveningse Bosjes is een ontwerp van Jaroslawa Dankowa. Het werd in 1988 opgericht ter nagedachtenis van de Nederlandse burgers en militairen die tijdens de Tweede Wereldoorlog slachtoffer werden van de Japanse bezetting van het voormalig Nederlands-Indië.
Het monument bestaat uit 17 bronzen beelden, een kaart van Indië en de tekst 'de geest overwint'.

Het hele jaar door liggen er bloemen bij het monument. Aan de achterzijde is ruimte voor het uitstrooien van as van overledenen. Achter het monument staat een klok, gemonteerd in een klokkestoel. Bij herdenkingsgelegenheden kan die worden geluid. De kunstenares wilde de klok niet te veel in het zicht hebben, want anders zou men denken dat hij bij haar ontwerp hoorde.

Tegenover het monument, vlak bij de Ver Huellweg, staat sinds 2002 het Indië-Monument; een gedenkmuur van acht meter lang en een meter hoog, waarin de namen van 161 gesneuvelde militairen, die in het voormalige Nederlands-Indië sneuvelden. In 2004 werden er nog eens 4 namen van gesneuvelde militairen in de muur gegraveerd. Sommige van de letters zijn in goudkleur uitgelicht zodat er een tekst zichtbaar wordt: Op welke grond werden ze gelegd in vreemde aarde. Dat is een fragment uit een gedicht van Jan Eijkelboom, zelf Indiëveteraan. Het Indië-Monument was een initiatief uit kringen van ex-militairen.
Er zijn dus vlak bij elkaar twee Indische monumenten, waarvan een militair.

Plaats: Prof. B.M. Teldersweg

Dat de beide monumenten zo moeizaam tot stand moesten komen, tekent de geringe aandacht die men in Nederland na de oorlog voor de specifieke Indische problematiek had.

Joodse begraafplaats
ZORGVLIET

Op één van de oudste duinruggen in Nederland, aan het begin van de Scheveningseweg, ligt de Joodse begraafplaats. Hier zijn meer dan 10.000 mensen begraven, waaronder beroemdheden als de kunstschilder Jozef Israëls. Er liggen en staan nog meer dan 2800 zerken.
Centraal op de begraafplaats staat een metaheerhuisje. Dat is een soort kapel waarin de doden gereed werden gemaakt voor de begrafenis.

In de 16de eeuw trokken veel joden uit Portugal naar ons land. In de zeventiende eeuw kwamen er ook Hoogduitse Joden, op de vlucht voor antisemitisme. Zij kochten in 1694 een weiland aan de Scheveningseweg waarop zij een eigen begraafplaats inrichtten. De Hoogduitse Joden deelden hun begraafplaats met de Portugese

Joden. De twee groepen vermengden zich overigens niet met elkaar. Huwelijken tussen hen kwamen vrijwel niet voor en ook op de begraafplaats liggen ze gescheiden. Af en toe waren er zelfs grote conflicten. Het ging meestal over geld, waarbij het feit dat de Portugese natie rijk was en de Hoogduitse niet, een rol speelde. Zo werd er begin 18de eeuw een accijns op het kosjere vlees geheven, ten behoeve van de Joodse armenzorg. Dat was niet naar de smaak van de Portugese leden, want die aten veel vlees, en hadden weinig armen. Ze gebruikten het geld daarom voor een nieuwe omheining van de begraafplaats. Met jarenlange processen tot gevolg.
Op het lichtgolvende terrein staan zeer oude bomen. Van sommigen zijn de stamvoeten deels over grafstenen heen gegroeid, wat een bijzonder gezicht is. De begraafplaats wordt niet meer gebruikt, maar kan op afspraak worden bezocht.

Na de oorlog was de Joodse gemeenschap zo gedecimeerd dat ze de onderhoudskosten niet kon opbrengen, en de begraafplaats raakte in verval. Tot in de tachtiger jaren een groot restauratieproject werd gestart, waarbij ook de bomen weer gezond werden gemaakt voor de toekomst.

Plaats: Scheveningseweg

Naar aanleiding van de restauratie is er een fraai boek verschenen over de rijke historie van deze begraafplaats: De Joodse begraafplaats aan de Scheveningsweg in Den Haag.

Juttersmuseum
KIJKDUIN

Het Juttersmuscum van Ome Jan is niet meer dan een houten keet in de duinen waar de vondsten van de strandjutter te bewonderen zijn. Er is zeekaak te koop en men kan er met een metaaldetector op het strand gaan speuren. Bovendien verhuurt de jutter speciale strandrolstoelen.

De Jutterskeet ligt bij de fietsenstalling tussen Kijkduin en Scheveningen, niet ver van het Hotel Atlantic. Als het geen slecht weer is, is de keet op zaterdag- en zondagmiddag open.

Plaats: Strandslag 5

Een van de meest bizarre vondsten is wel de as-urn van een overledene. Die moet bij een van de veelvuldige asuitstrooiingen in zee uit de handen van de familie zijn geglipt en door de golven zijn meegenomen.

De Kloosterkerk
VOORHOUT

In de Middeleeuwen woonde Margaretha van Kleef, gravin van Holland, met haar echtgenoot Albrecht van Beieren aan het Binnenhof. Zij financierden de bouw van een klooster en een kleine kloosterkerk (tussen 1397 en 1403) iets verderop, aan de rand van het grafelijke hof en het dorp Die Hage. Op deze plek ging de bewoonde wereld over in een woest, onherbergzaam duinlandschap.
In het klooster woonden Dominicanen, broeders die hun leven aan God en de medemensen hadden gewijd. Ze droegen de mis op in de kerk, waar de gelovigen staand of zittend op de kerkvloer naar hen luisterden.
In 1540 werd de kerk vergroot met een zijbeuk en met kapellen aan de kant van het Lange Voorhout. Niet veel later, tijdens de beeldenstorm, werden het klooster en de kerk ernstig beschadigd. Als gevolg van de reformatie moesten de Dominicanen in 1574 vertrekken. Het klooster diende daarna nog een tijdje als ziekenhuis, totdat het in 1583 werd afgebroken.

In 1994, toen men de bestaande bebouwing achter de Kloosterkerk sloopte ten behoeve van nieuwbouw, werd de oostelijke muur van het klooster teruggevonden. De poort naast de kerk leidt, achter de kerk om, naar dit eeuwenoude stukje muur.

In het kerkgebouw werd na de reformatie een muur gebouwd tussen de kapel (waar nu het koor is) en het schip. Het schip fungeerde vervolgens als paardenstal, terwijl er in de kapel kanonnen werden gegoten.

Totdat prins Maurits in 1617 de kerk weer in gebruik nam en met veel vertoon van zijn woning aan het Binnenhof naar de Kloosterkerk reed om daar de - contraremonstrantse - dienst te volgen. Op deze manier koos hij partij tegen de remonstrantse raadspensionaris Johan van Oldenbarneveldt.

In het begin van de vorige eeuw was er sprake van om de kerk vanwege haar slechte staat af te breken. Dankzij de bijzondere band die de kerk heeft met het huis van Oranje, is het daar niet van gekomen. Door de jaren heen werden er koninklijke huwelijken gesloten en Oranjekinderen werden er gedoopt.

De Kloosterkerk werd in de jaren vijftig van de vorige eeuw grondig gerestaureerd. De hoge slanke kloosterkapel (wat nu het koor is) werd weer samengevoegd met het ruime schip. Het schip is 26 meter lang en 12 meter breed en er is een zijbeuk van 11,5 meter breed. Het tongewelf van de kerk is 20 meter hoog. Door de hoge ramen valt het licht ruim naar binnen. Tegen de zoldering zijn rozetten te zien die daar begin vorige eeuw kwamen. Aan een pilaar is nog een gedenksteen aan de dichter en staatsman Jacob Cats te zien, die in 1660 in de kerk werd begraven. De eikenhouten preekstoel is van rond 1700. In de apostelkapel, genoemd naar de gebrandschilderde ramen van de twaalf apostelen, hangt een mozaiek van de symbolistische kunstenaar Johan Thorn Prikker. Dit kunstwerk komt oorspronkelijk uit de Duinoordkerk, die in 1942 werd afgebroken. Het 12.000 kilo wegende werk werd eerst in zijn geheel overgebracht naar het Vredespaleis. Pas na de restauratie van de Kloosterkerk kreeg het haar huidige plek.

Onder het koor is de eeuwenoude crypte met met haar lage gewelven. Deze is niet te bezichtigen. Maar elke zondag is er een kerkdienst in de Kloosterkerk en er wordt maandelijks een van de cantates van Johann Sebastian Bach ten gehore gebracht.

Plaats: Lange Voorhout 4

De hervormde gemeente van de Kloosterkerk heeft een geheel eigen signatuur. De kerkleden komen vanuit de wijde omgeving, en behoren tot de betere standen. De bekendste is wel prinses Beatrix, die men regelmatig, geheel onopgesmukt, de Bachcantatediensten kan zien bijwonen.

Koepel van Fagel
NOORDEINDE

Verscholen in de paleistuin, tussen het Koninklijk Huisarchief en de koninklijke stallen, in een stuk tuin dat is aangelegd in Franse stijl, ligt de Koepel van Fagel, een onopvallend, rechthoekig bakstenen gebouwtje.

Ooit hoorde dit stuk tuin bij de tuin van het grote huis aan het Noordeinde (nummer 138-140), waar de griffier der Staten Generaal Francois Fagel (1659-1746) woonde.
Van zijn vader had hij drie aaneensluitende percelen aan het Noordeinde geërfd. Hij kocht er nog een vierde perceel bij en liet de panden in 1707 tot woonhuis verbouwen door niemand minder dan Daniël Marot, de hofarchitect van Koning-stadhouder Willem III. De strakke achtergevel kwam aan het Noordeinde, de hoofdingang kwam aan de andere kant. Daar was ook de tuin. Marot, een liefhebber van de Louis XIV-stijl, bouwde in die tuin een galerij voor Fagels bibliotheek. De galerij eindigde in een tuinpaviljoen die mooi uitkeek over de Prinsessetuin, die wij nu de Paleistuin noemen. Er lag tussen die hoftuin en Fagels tuin een bruggetje. Zo kon Fagel makkelijk even gaan buurten bij zijn goede vriend, Stadhouder Willem III. Fagel's tuinpaviljoen kreeg een stuczoldering met een hoge koof. Het was een truc van Marot om een vertrek ruimer en glorieuzer te laten lijken. Het paviljoen, dat er van buiten sober uitziet, kreeg een spectaculair mooi interieur. Het wordt een van de mooiste voorbeelden van de Nederlandse Barok genoemd. Er zijn prachtige schilderingen van Mattheus Terwesten te zien, die nauw samenwerkte met Marot.

Zo schilderde hij op illusionistische wijze een koepel tegen de gewelfde plafondconstructie.

In 1857 kocht Koning Willem III het pand aan het Noordeinde. Daarna kwam het in het bezit van Koningin Emma. Zij liet de galerij afbreken, maar het tuinpaviljoen bleef gelukkig bestaan. Eind 19de eeuw verwierf de gemeente Den Haag het pand. Het was de bedoeling om het af te breken zodat de Oranjestraat kon worden doorgetrokken, dwars door het Noordeinde. Deze plannen gingen echter niet door.

In 1901 werd het deel van de tuin met het paviljoen - de Koepel van Fagel - toegevoegd aan de paleistuin. Voor het tuinpaviljoen had de koninklijke familie echter geen bestemming. Het raakte verwaarloosd en prins Hendrik gebruikte het zelfs als fietsenstalling. Tot het in 2007 schitterend werd gerestaureerd en in originele staat werd hersteld.

Het voormalige woonhuis van Fagel is nu opgesplitst voor een aantal gebruikers. Op nummer 140 c zit een pizzarestaurant. In het voorste deel van het pand is een mooie rococo-plafond te zien. Het plafond werd ooit in opdracht van een van de nazaten van Fagel aangebracht. Deze Fagel hield blijkbaar niet van de Lodewijk XIV stijl.

Plaats: Noordeinde, Prinsessewal

Daniël Marot, die in de achttiende eeuw zeer veel gebouwen in Den Haag realiseerde, reisde met stadhouder Willem mee naar Engeland, toen die daar tot koning werd gekroond. Ook daar staan nog veel gebouwen van zijn hand. Maar de laatste jaren van zijn leven woonde de beroemde architect weer in Den Haag, aan het Noordeinde op nummer 164.

Koninklijke Schouwburg
VOORHOUT

In 1802 huurde een aantal vooraanstaande Haagse burgers het paleis aan het Voorhout om het tot een schouwburg te verbouwen. Twee jaar later kon de schouwburg worden geopend. Aan het begin van de 20ste eeuw werd het gebouw gesloten wegens brandgevaar. In de Haagse gemeenteraad gingen stemmen op om het theater zelfs maar helemaal af te breken. Dit gebeurt uiteindelijk niet en in de jaren twintig onderging de schouwburg een grote verbouwing waarbij de hele binnenbouw rondom de zaal werd gereorganiseerd. De speelzaal kreeg een rijkversierd ovaal plafond met een enorme kroonluchter in Secession-stijl. Er kwam een toneeltoren zodat de decors naar boven, uit het zicht van het publiek weggetrokken konden worden. De laatste ingrijpende veranderingen vonden plaats in de jaren negentig van de vorige eeuw. Toen kwamen er onder andere twee glazen trappenhuizen aan weerszijden van de zaal.

De Koninklijke Schouwburg is sinds jaar en dag één van de toonaangevende schouwburgen van Nederland, met als huisgezelschap Het Nationaal Toneel. Dit gezelschap heeft bovendien een eigen toneelgebouw dat direct achter de schouwburg ligt.
Naast het Nationaal Toneel spelen er in de Koninklijke Schouwburg ook andere belangrijke toneelgezelschappen. Steeds vaker worden er gezelschappen uit Engeland, Frankrijk, Duitsland en zelfs Rusland geprogrammeerd.

Plaats: Korte Voorhout 3

Bovenin het Theater is het Paradijs, een klein zolderzaaltje waar kleinschalige voorstellingen kunnen worden gegeven door de theatermakers van de toekomst.

Koninklijke wachtkamers
HOLLANDS SPOOR

In 1847 opende de Hollandse IJzeren Spoorweg Maatschappij een treinstation in Den Haag; het Hollands Spoor. Het eerste gebouw werd in 1891 vervangen door het huidige station in neorenaissancestijl, ontworpen door de spoorarchitect Dirk Margadant. Het is een van de oudste en mooiste stations van Nederland.
Stations van steden waar grote koninklijke paleizen stonden, kregen Koninklijke wachtkamers. Daar konden de leden van het koningshuis op vorstelijke wijze wachten op hun koninklijke trein.

Begin deze eeuw startte men de restauratie van de Koninklijke wachtkamers van het Hollands Spoor, die in 2010 werd afgerond. Tot dan toe waren de ruimtes vanwege hun kwetsbare karakter hooguit tijdens Open Monumentendagen toegankelijk voor publiek, maar tegenwoordig kunnen de schitterend gerestaureerde Koninklijke Wachtkamers van het Hollands Spoor ook online worden bezichtigd, via een website van de NS of via een app. De zeven vertrekken, een monumentaal trappenhuis en een vestibule worden getoond door middel van 360 graden-foto's, zogenaamde panoramafoto's. Het is ook mogelijk om in te zoomen op bijzondere objecten. Zo kan men bijvoorbeeld de wandschilderingen of een marmeren wastafel van dichtbij bekijken.

De pracht en praal in het interieur, de uitbundige decoraties en schilderingen, de gebrandschilderde ramen, de stucplafonds met hun drukke vormen en verfijnde bewerkingen, horen tot de best bewaarde voorbeelden van de neorenaissance-architectuur.
Zogenaamde vorstenspiegels verbeelden de tradities rondom vorstenhuizen door de eeuwen heen. En er zijn typische symbolen te zien uit de spoorwegwereld.

Plaats: Stationsplein 41

Ook het Centraal Station, het voormalige Staatsspoor, had Koninklijke Wachtkamers. Maar die zijn tegenwoordig ondergebracht in het Spoorwegmuseum in Utrecht.

De Korenaer
LOOSDUINEN

Nog voordat de Graven van Holland Den Haag stichtten, hadden ze in Loosduinen een klein jachtslot. Graaf Willem III van Holland liet in 1310 in de buurt van het slot een aantal molens bouwen. Van één van die molens is een restant terug te vinden in het recreatiegebied De Uithof. Op het oorspronkelijke onderste deel is een groen dak geplaatst.

De graanmolen in Loosduinen hield het maar liefst 300 jaar vol. Aan het eind van de 16de eeuw moest deze molen worden gesloopt. De Loosduiners moesten vervolgens helemaal naar het Westland om hun graan te laten malen. Prins Maurits liet dan ook een aantal jaar later een nieuwe houten molen neerzetten. Deze moest na de orkaan van 1720 worden herbouwd. De nieuwe molen werd de Korenaer, en ook wel de Prins Maurits genoemd. Dit is de molen die nog altijd naast de abdijkerk in Loosduinen staat.

Eerst stond de Korenaer nog tussen de kassen, maar inmiddels is de molen omgeven door de huizen van de wijk Kraayenstein. De Korenaer is een ronde, stenen stellingmolen, met wieken met een vlucht van 20 meter. Het is een rijksmonument en sinds 1925 in eigendom van de gemeente Den Haag. Er is een vrijwillige molenaar die de wieken regelmatig laat draaien.
Naast de Korenaer staat een molenaarswoning en in de voormalige negentiende eeuwse korenschuur is nu het Loosduins Museum gevestigd. In de zomermaanden is het mogelijk om vanaf de vaart aldaar een tochtje op een platschuit te maken.

Plaats: Margaretha van Hennebergweg 4

Aan het eind van de negentiende eeuw stonden er tientallen molens in en om Den Haag. Vooral langs de singels zorgden ze voor de industriële energie. Zo was er ook een molen die bij een storm drie van de vier wieken verloor. Deze malle molen is verdwenen, maar leeft nog voort in de straatnaam.

Kurhaus
SCHEVENINGEN

In 1818 stond er op de plek van het huidige Kurhaus alleen nog een houten badhuis. Later werd dit vervangen door het Groot Stedelijk Badhuis, dat in 1885 plaats maakte voor het eerste Kurhaus. Het was een mondain hotel met een grote concertzaal, de Kurzaal. Helaas: nog geen jaar na de opening brandde het hotel af. Binnen een jaar werd het echter weer volledig herbouwd.
Begin 1970 werd het Kurhaus vanwege de slechte staat waarin het verkeerde, nog eens volledig herbouwd.

De Kurzaal, nu een indrukwekkend, ruim soort grand café, is een exacte kopie van de oude concertzaal. Alleen de houten koepel is nog origineel uit 1887. De prachtige plafondschilderingen stammen uit 1904. Ze zijn gemaakt door de Brusselse schilder Van Hoeck. Hij werd daarbij geholpen door 30 knechten. Er werd een maand gewerkt aan de schilderingen, die werden aangebracht op linnen. Daardoor was het mogelijk om ze bij de herbouw te verwijderen en te laten restaureren. Vervolgens konden de schilderingen weer op het plafond worden aangebracht.

In de Kurzaal worden tegenwoordig geen concerten meer gegeven. Het podium is nu de Kurhaus Bar. Aan weerszijde van de bar zijn koperen platen waarop de namen te lezen zijn van de beroemde musici die hier ooit optraden, inclusief de Rolling Stones die het Kurhaus in 1964 kozen voor hun eerste Europese optreden.

Plaats: Gevers Deynootplein 30

Vele beroemdheden hebben in het hotel geslapen, van Audrey Hepburn tot Winston Churchill. Allen schreven in het Gastenboek, dat in diverse edities is uitgegeven.

Masman Bosman
STATENKWARTIER

In dit boekje hebben we 100 Haagse Plekken bijeengebracht, waarvan we vinden dat elke Hagenaar, maar eigenlijk ook iedere bezoeker van buiten, ze gezien zou moeten hebben.

Het is geen willekeurige, maar wel een arbitraire greep. Want van bijna elke Haagse Plek zou wel een interessante geschiedenis te schrijven zijn.
Zo ook van de Eisenhowerlaan, waar het kantoor van Masman Bosman, accountants en belastingadviseurs, en Wolkers & Co, fiduciaire vermogensbeheerders, zich bevindt.

Iedereen zal meteen begrijpen dat de naam jonger is dan de laan zelf. Oorspronkelijk was dit een deel van de Stadhouderslaan, maar na de Tweede Wereldoorlog werd hij, zoals meer grote straten in de buurt, omgedoopt ter ere van beroemde generaals.
In de recente geschiedenis werd de laan verrijkt, sommigen zouden zeggen verarmd, met het imposante Europol-gebouw, dat een aanvulling moet vormen op het al even monumentale complex van het World Forum Convention Center, met daarnaast het International Criminal Tribunal for the former Yugoslavia. Zo begrenst de Eisenhowerlaan een essentieel stukje Den Haag: het hart van de internationale rechtspleging.

Ook nummer 124 van de Eisenhowerlaan heeft zijn geschiedenis, al is die van kleinere schaal. In de jaren dertig gebouwd als woonhuis, kreeg het pand in de loop der jaren een zakelijke bestemming. In de zeventiger jaren werd hier door de branche-organisatie reclame gemaakt voor het bakkersvak, dat kampte met een groot personeelstekort.
Twee deuren verder werd in 1980 het nieuwe hoofdkantoor geopend van het ANP (waar menig Haags auteur zijn eerste schreden op het schrijverspad zette). In 1982 vond er daar een grote bezetting plaats door een pressiegroep die het niet eens was met de ANP-berichtgeving. Het zou niet de laatste demonstratie zijn. De lokale televisie-organisatie Omroep West vestigde zich in de negentiger jaren in het pand van Masman Bosman, ook dat veroorzaakte af en toe tumult. Vanuit dit pand werd in 1996 de eerste lokale uitzending verzorgd door TV West.

Nu is al weer enige jaren de rust teruggekeerd en wijden ijverige accountants en adviseurs zich aan de zaken van hun cliënten, die bij deze van harte worden uitgenodigd om, met dit boekje in de hand, een ommetje in Den Haag te maken.

Plaats: Eisenhowerlaan 124

De schrijvers, Ad van Gaalen en Ineke Mahieu.

Masman Bosman
accountants & belastingadviseurs

Wolkers & Co
fiduciaire vermogensbeheerders

Lange Voorhout
CENTRUM

Waar te beginnen met het Lange Voorhout? Mooiste laan van Den Haag, misschien zelfs de mooiste laan van Nederland met haar vele indrukwekkende panden en monumenten. Haagser én statiger dan deze laan kan bijna niet. Ooit was hier de uitloper van het oerbos, waarvan nu alleen nog het Haagse Bos is overgebleven.

De monniken van de Kloosterkerk zorgden rond 1400 voor de L-vorm van de laan. Het Lange Voorhout was toen al een levendig, maar vooral ook rommelig gebied.
Totdat Keizer Karel V in de zestiende eeuw hier vier rijen lindebomen liet planten. Daardoor kreeg het Lange Voorhout een andere sfeer, het ontwikkelde zich tot een statige laan die in de volksmond de Lindenlaan werd genoemd. Uit die tijd stamt het rijmpje 'Leentje leerde Lotje lopen langs de lange Lindelaan'.
De eerste huizen die in de 14de en 15de eeuw aan het Lange Voorhout werden gebouwd, maakten in de loop der tijd plaats voor nieuwbouw. En deze panden werden vaak ook weer vervangen of verbouwd. De huidige panden zijn uit de 18de, 19de en 20ste eeuw. Het is bijna niet voor te stellen hoe het hier zou zijn geweest als in de 17de eeuw het plan van prins Maurits, om een gracht te maken van het Lange Voorhout, was geslaagd.
Op de lommerrijke laan flaneerde door de eeuwen heen de Haagse adel en men toerde er in rijtuigjes. Wie wil weten hoe het er in de zeventiende eeuw toeging, op deze publieke ontmoetingsplaats, kan Constantijn Huygens' Voorhout lezen. Daarin beschrijft hij de verschillende Haagse (en ook buitenlandse) types die zich daar ophouden, elkaar beroddelend en de ogen uitstekend met de laatste mode. En nog altijd wandelt het Haagse publiek hier graag. Of men zit rug aan rug op de in ere herstelde banken langs de brede schelpenlaan.

In het voorjaar wordt het Voorhout gekleurd door de krokusvelden tussen de bomen, in de zomer is ci de wekelijkse boeken- en antiekmarkt. Er worden jaarlijks allerlei terugkerende evenementen georganiseerd, waaronder natuurlijk de Haagse Kermis. Hoogtepunt voor velen is de jaarlijkse beeldententoonstelling:

Den Haag Sculptuur. Hiervoor zijn speciaal betonplaten onder de schelpen aangebracht waarop de vaak erg grote beelden kunnen worden geplaatst.

Plaats: Lange Voorhout

Nummer 32A is het smalste huis van Den Haag - naar men zegt. Het is slechts 183 cm breed.

Madurodam
SCHEVENINGSE BOSJES

Bijna niemand staat er meer bij stil dat het ministadje Madurodam een oorlogsmonument is dat werd opgericht door de heer en mevrouw Maduro uit Curaçao. Het eerbetoon gold hun zoon. Hij stierf als gevangene in Dachau aan vlektyfus.

Het echtpaar nam het initiatief samen met mevrouw Boon-Van der Stap. Zij was lid van de Raad van Bijstand van de Stichting Nederlandse Studenten Sanatorium. In Engeland had zij gezien dat het Engels miniatuurstadje Baconsfield veel geld opleverde. Ze bedacht dat met de opbrengsten die Madurodam zou genereren, het sanatorium financieel kon worden gesteund. Het echtpaar Maduro schonk het geld dat nodig was voor de bouw van het stadje en de architect Bouma ontwierp het stadje op schaal 1: 25, nadat hij eerst in Baconsfield de kunst had afgekeken. Het terrein aan de Scheveningse Bosjes werd door de gemeente in erfpacht afgestaan en Delftse studenten maakten de grond bouwklaar.

Madurodam opende in 1952 haar deuren. In het stadje ziet de bezoeker de mooiste plekken en gebouwen van Nederland tot in de kleinste details nagebouwd. In 1996 werd het uitgebreid en in 2011 ging Madurodam tijdelijk dicht om te worden veranderd in een interactief attractiepark, maar wel met behoud van waar het om gaat: het tonen van belangrijke Nederlandse plaatsen en gebouwen in een notendop. Overdag, maar vooral ook bij avond, als alle gebouwen verlicht zijn, een attractie met allure.

Plaats: George Maduroplein 1

De spoorbaan die door Madurodam loopt is met bijna 4 kilometer de langste modelspoorbaan van Nederland.

Het Malieveld
CENTRUM

Het Malieveld, dat regelmatig toneel is van demonstraties, manifestaties, concerten, circussen en kermissen, behoort samen met de Koekamp tot het Haagse Bos.

In de zeventiende eeuw speelden de deftige Hagenaars op de maliebaan naast het veld het maliespel. Dit is een voorloper van het huidige golf. Met een slaghout moest een houten bal in zo min mogelijk slagen over een lange baan tussen twee palen worden geslagen.
Het veld is ook later belangrijk geweest voor de sport. In de negentiende eeuw werden er wielerwedstrijden gehouden en in 1883 werd er de Haagsche Voetbalvereniging geboren. De voetballers moesten het veld delen met de militairen die er hun oefeningen hielden. Bovendien liep er ook een kudde schapen rond. Voor elke wedstrijd moesten de voetbalspelers de keutels van het veld rapen.

Tegenover het Malieveld ligt de Koekamp, met haar vijvertjes, oude bomen, kronkelende paden en hertenkamp. Oorspronkelijk was het een weiland waar slacht- en siervee werd gehouden. Later werd het door het hof veranderd in een soort Engelse tuin, maar de herten zijn altijd gebleven.
Het Malieveld mag niet worden bebouwd, volgens een eeuwigdurende Acte van Redemptie die Willem van Oranje heeft uitgevaardigd.

Plaats: Toegang via Koningskade en Koekamplaan

Het bekende poffertjeshuis aan de stadse kant van het Malieveld is oorspronkelijk een strandpaviljoen dat in de Tweede Wereldoorlog ter hoogte van het Seinpostduin stond, maar weg moest vanwege de Atlantikwall.

De Haagse Markt
TRANSVAAL

In de Middeleeuwen, tot 1614, werd de Haagse Markt gehouden aan de Groenmarkt. Daarna verhuisden de kramen naar de Grote Markt. Op den duur stonden de kramen ook op de Prinsegracht en in wat zijstraatjes. Pas in 1938 verhuisde de markt naar de Herman Costerstraat. Daar ontwikkelde deze algemene warenmarkt zich tot de grootste onoverdekte markt van Nederland.

De Haagse Markt behoort zelfs tot de grootste markten van Europa. Er zijn drie looppaden van zo'n 500 meter lang en ruim 540 plaatsen die vrijwel altijd bezet zijn. Bovendien zijn er 20 standwerkersplaatsen. Veel kooplieden hebben achter hun vaste plek een container staan die dienst doet als winkel of magazijn.

De markt is vooral bekend om haar grote assortiment exotische producten. Er worden veel producten verkocht die in een gewone supermarkt niet te krijgen zijn. Bovendien is deze markt een ontmoetingsplek van vele culturen.

Per marktdag komen er zo'n 40.000 tot 60.000 bezoekers naar de Herman Costerstraat. In Den Haag spreekt men van 'mart', en vroeger werd de markt ook wel De Maag van Den Haag genoemd. De Haagse Markt wordt gehouden op maandag, woensdag, vrijdag en zaterdag,

Plaats: Herman Costerstraat

De Haagse Markt had altijd een groot antiek- en curiosadeel. Die functie is overgenomen door de kunst- en antiekmarkt op het Voorhout, en door de vele kringloopwinkels.

Mauritshuis
CENTRUM

Stadhouder Willem V, Prins van Oranje-Nassau (1748-1806), was een liefhebber van de schilderkunst. Hij erfde een collectie schilderijen en al op jonge leeftijd begon hij ook schilderijen te kopen. Bovendien stelde hij zijn verzameling tentoon in een pand aan het Buitenhof naast de Gevangenpoort; de Galerij van Prins Willem V. Daar konden de Hagenaars onder andere de toen al beroemde Stier van Potter zien en het Aardse Paradijs van Breughel en Rubens (die inderdaad ook samen schilderijen maakten). Na het overlijden van Willem V droeg zijn zoon Willem I in 1816 de verzameling over aan de Nederlandse Staat. Vanaf dat moment heette de collectie met de 200 schilderijen het Koninklijk Kabinet. De schilderijen verhuisden wegens ruimtegebrek in 1822 naar het Mauritshuis.

Dat het Mauritshuis in de zeventiende eeuw werd gebouwd door Prins Maurits, zoon van Willem van Oranje, is een misverstand. Het was de neef en naamgenoot van de prins die het stadspaleis liet neerzetten: Graaf Johan Maurits van Nassau-Siegen, gouverneur-generaal van Nederlands-Brazilië (1604-1679). Hij kocht een toplocatie: een stuk van de toenmalige tuin van het Binnenhof, direct gelegen aan de Hofvijver. Vervolgens vroeg hij de twee belangrijkste architecten van die tijd, Jacob van Campen en Pieter Post, om een huis voor hem te ontwerpen. Het moest imposanter worden dan de nabijgelegen woonhuizen in dit deftige stukje Den Haag. Hij stuurde alvast vanuit Brazilië kostbare hardhoutsoorten naar de Republiek, onder andere voor het imposante trappenhuis.

Post en Van Campen tekenden een vrijstaand gebouw in Hollandsclassicistische stijl. Het kreeg aan vier zijden hoge pilasters, met

een wat hoger middendeel waardoor het een beetje lijkt op een Romeinse tempel. Vanuit het ommuurde voorplein voerde een onderaardse gang naar de tuin die de graaf aan de ander kant van de straat had laten aanleggen, waar nu het Plein is.
Het gebouw is symmetrisch ingericht. Beide verdiepingen hebben een grote zaal en aan weerszijde van het centrale trappenhuis liggen twee identieke appartementen met een antichambre, chambre, kabinet en garderobe.
De grote zaal op de bovenste verdieping had oorspronkelijk een koepel in het plafond. Tijdens feestelijkheden zaten daar de musici te spelen.

De graaf heeft hooguit drie jaar in zijn stadspaleis gewoond, daarna ging hij voor het stadhouderschap naar Kleef en het Mauritshuis werd verkocht aan de rijke familie Maes. Die verhuurde het pand aan de overheid, die er vervolgens een soort staatshotel van maakte, waar hooggeplaatste buitenlandse gasten gelogeerd konden worden.

Na een brand in 1704 bleef er van het oorspronkelijke interieur van het Mauritshuis weinig over. Er vond een renovatie plaats, maar de koepel voor musici kwam niet terug. De hele inrichting werd aangepast aan de smaak van de 18de eeuw. Zo werd de Gouden Zaal op de eerste verdieping rijk versierd met veel vergulde decoraties en wand- en plafondschilderingen.

Nadat in 1822 de schilderijen van het Koninklijk Kabinet er een onderkomen vonden, groeide de collectie van het museum. Inmiddels heeft het Mauritshuis bijna 800 schilderijen met Hollandse topstukken uit de Gouden eeuw, waaronder het Gezicht op Delft van Vermeer en De Anatomische Les van Rembrandt.
Halverwege 2012 startte men een omvangrijke verbouwing en uitbreiding. De hoofdingang op het voorplein leidt naar een ondergrondse foyer. Deze verbindt het Mauritshuis met het tegenoverliggende pand, Plein 26, waar onder andere tentoonstellingruimtes en een museumcafé zijn geprojecteerd.

Plaats: Korte Vijverberg 8

Tijdens de verbouwing stuitte men voor het Mauritshuis op de overblijfselen van een poort uit 1583. Het bleek een van de vier toegangspoorten naar het Binnenhof te zijn geweest.

Meermanno CENTRUM

Het oudste boekenmuseum ter wereld is het museum Meermanno. Het is sinds 1852 gevestigd in het vroegere woonhuis van baron Van Westreenen van Tiellant aan de Prinsessegracht.
In het statige herenhuis beheert het museum een indrukwekkende collectie geschreven en gedrukte boeken uit alle perioden van de westerse geschiedenis. Zo zijn er middeleeuwse handschriften en de oudste vormen van het gedrukte boek. De collectie is gebouwd op twee grote deelcollecties: die van Baron Van Westreenen en zijn achterneef, eveneens een fervent verzamelaar, Johan Meerman. Vandaar de oorspronkelijke lange, gelatiniseerde naam: Museum Meermanno-Westreenianum.
De beide verzamelaars waren typische vertegenwoordigers van de erudiete kenner/verzamelaar uit het begin van de negentiende eeuw. Het museum verzamelt nog steeds boeken, waarbij het accent ligt op het boek in zijn fysieke verschijningsvorm.

In het museum is onder andere een middeleeuws schrijfatelier en een ouderwetse drukkerij te bezoeken. De boekzaal is uniek. Deze ruimte is helemaal volgens de stijl van een 19de-eeuwse museum ingericht. Achter het museum is bovendien een bijzondere Lettertuin, de eerste typografische speeltuin ter wereld. De speelobjecten hier bestaan uit grote, kleurige letters.

Plaats: Prinsessegracht 30

In de diepe tuin achter het museum ligt ook een klein hondenkerkhof van de honden van de 19de eeuwse bewoners van het pand.

De Mesdag Collectie
ZEEHELDENKWARTIER

Mesdag was niet alleen schilder, maar ook kunstverzamelaar. Samen met zijn vrouw Sientje van Houten, die ook schilderde, had hij een woonhuis met atelier aan de Laan van Meerdervoort. Naast het woonhuis liet Mesdag een museumpand bouwen voor zijn omvangrijke verzamelde kunstcollectie, waaronder meesterwerken van de Franse School van Barbizon en de Haagse School van de 19de eeuw.

Mesdag kocht onder andere werk van zijn vrienden Jozef Israëls en Anton Mauve. Op zondag was het museum geopend. Dan ontving Mesdag de kunstliefhebbers en leidde ze zelf rond, eerst door zijn atelier en dat van Sientje, wat op zich al een soort museum was. Daarna kon het eigenlijke museum worden bezocht.

Tegenwoordig wordt de Mesdagcollectie aan de Laan van Meerdervoort beheerd door het Van Goghmuseum. De verzameling hangt er nog altijd in de prachtig gedecoreerde vertrekken. Grote ramen kijken uit op een schitterende tuin. Daar staat nog een boom uit Mesdags tijd.

Plaats: Laan van Meerdervoort 7f

Mesdag woonde aan de Laan van Meerdervoort naast zijn zwager, het kamerlid Samuel van Houten, die beroemd zou worden met zijn wet tegen de kinderarbeid. Een van de dochters van Van Houten, Barbara, werd door tante Sientje opgeleid, en zou zelf ook een bekende schilderes worden.

Moskee in Chinatown
CENTRUM

Behalve het Joodse Kindermonument op het Rabbijn Maarsenplein is er niet veel dat herinnert aan de Joodse buurt rondom de Wagenstraat. Wat ooit de Joodse Synagoge was, is nu een Turkse moskee.

Van de 17.000 Joodse Hagenaars die in de Tweede Wereldoorlog door de Duitsers werden gedeporteerd, kwamen er nog geen 2.000 terug. De synagoge die in 1844 in de Wagenstraat was gebouwd, bleek na de oorlog dan ook veel te groot voor (wat restte van) de Haagse Joodse gemeenschap. De synagoge werd gesloten, en in 1976 kocht de gemeente het gebouw. Terwijl het leeg stond en verloederde, zocht de Turkse islamitische gemeenschap in Den Haag naar een geschikte gebedsruimte. De gemeente weigerde hen echter het gebruik van de voormalig synagoge. In 1978 kraakte een tiental Turkse moslims het gebouw. Pas in 1982 mocht de Turkse gemeenschap het gebedshuis dan uiteindelijk kopen. Ze knapten het op en verbouwden het tot moskee. Er kwamen twee hoge, slanke minaretten aan weerszijden van de voorpui. In diezelfde pui zit nog altijd de steen waarop te lezen valt dat het gebedshuis ooit van de Joodse gemeenschap was. De moskee kreeg aanvankelijk de naam Fatih, de veroveraar. Later werd de naam veranderd in de Aksamoskee, naar de grote moskee in Jeruzalem.

In het interieur van de moskee is een enkel spoor van de synagoge bewaard gebleven. Natuurlijk, de heilige arke is verdwenen. Daar is nu een schitterende islamitische gebedsnis. Waar ooit rijen gebedsbanken stonden, ligt tegenwoordig rode vloerbedekking. In de moskee kunnen 1.500 mensen tegelijkertijd bidden: de mannen beneden, de vrouwen boven. Net als in de tijd van de synagoge.

De Wagenstraat, ooit het hart van de Joodse wijk, loopt nu dwars door het Haagse Chinatown. Deze wijk is echter onvergelijkbaar met de Chinatowns van grote wereldsteden. Er zijn Chinese restaurants, Chinese winkels en veel Chinese massagesalons, er hangen rode lampions en de Wagenstraat heeft twee enorme Chinese poorten, één aan de kant van de grote Markt en één aan de kant van de Stille Veerkade. Maar de wijk is toch vooral een mengelmoes van culturen.

Plaats: Wagenstraat 101

Ook rond 1900 woonden er al veel Chinese handelaars in en rond de Wagenstraat. Deze straat was in een ver verleden al een ontmoetingsplek van migranten. Vanuit de kant van Delft kwam men via de Wagenstraat de stad binnen. Daar ontmoetten de migranten elkaar en de handel bloeide er.

Museum Bredius
CENTRUM

Abraham Bredius (1855-1946) was een kunsthistoricus en net als zijn grootvader een hartstochtelijke verzamelaar van onder andere schilderijen van grote meesters uit de Gouden Eeuw. Hij kocht werk van schilders als Rembrandt, Jan Steen, Aert van der Neer, Adriaen van Ostade. Bovendien omvat de collectie van Bredius ook schitterende meubelen, porselein, zilver en kristal.

Toen Bredius in 1924 naar Monaco vertrok, werd zijn voormalige huis aan de Prinsegracht 6 een museum waar zijn omvangrijke collectie kon worden bezichtigd. Na zijn overlijden liet Bredius zijn collectie na aan de gemeente Den Haag.

In 1985 werd het museum aan de Prinsegracht gesloten en de collectie ging in depot. Vijf jaar later vond men een nieuw onderkomen aan de Lange Vijverberg 14. Dit pand dateert uit de achttiende eeuw en werd ontworpen door Pieter de Swart, die ook de bouw van de Koninklijke Schouwburg en het voormalige paleis aan het Lange Voorhout op zijn naam heeft staan. De schilderijen, de meubels en de kunstnijverheid geven het Museum Bredius aan de Vijverberg een bijzonder voorname en toch huiselijke sfeer.

Dat dit museum op deze plek tot stand kon worden gebracht is bijna geheel de verdienste van de Haagse kunsthandelaar John

Hoogsteder, wiens bedrijf in het naburige pand is gevestigd. Hij stelde al zijn kennis van de zeventiende eeuwse kunst beschikbaar, en zorgde ook voor sponsorgelden die dit museum - zonder directeur en betaalde krachten - open kunnen houden.

Schuin tegenover het museum, langs het wandelpad aan de Hofvijver, staat een beeldje van Ivo Coljé. Het is het jongetje uit het oude kinderliedje: 'In Den Haag daar woont een graaf, en zijn zoon heet Jantje. Als je vraagt waar woont je pa? dan wijst hij met zijn handje.' Het beeldje wijst naar het Binnenhof.

De Jantje uit dit liedje heeft echt bestaan. Het was graaf Jan l van Holland, die leefde van 1284 tot 1299. Zijn vader, Floris V van Holland, liet het Binnenhof bouwen. Jan l, graaf van Holland stierf al op vijftienjarige leeftijd, een paar jaar nadat zijn vader door Amsterdamse edelen was vermoord.

Plaats: Lange Vijverberg 14

Bredius was tot 1909 directeur van het Mauritshuis. Zijn omvangrijke archief is te raadplegen bij het Rijkinstituut voor de Kunsthistorische Documentatie in de Prins Willem Alexanderhof, bij de Koninklijke Bibliotheek.

Museum Escher in het Paleis
LANGE VOORHOUT

Het statige pand met het gouden balkonnetje aan het Lange Voorhout werd in 1764 gebouwd als woonhuis voor de heer Patras, burgemeester van het Friese Sloten en gedeputeerde bij de Staten-Generaal. Het huis is een ontwerp van de architect Pieter Swart. Het werd in 1845 een koninklijk paleis doordat Willem II het kocht.

Aan het eind van de negentiende eeuw kocht koningin-regentes Emma het paleis uit de nalatenschap van haar overleden zwager, Prins Hendrik, bijgenaamd de Zeevaarder. Emma was de weduwe van koning Willem III. Zij wilde het pand gebruiken als winterpaleis, zomers woonde ze op Soestdijk. Emma liet het paleis aan het Lange Voorhout flink vertimmeren voordat ze erin trok. Zo veranderde ze de tuinkamer in een balzaal, de lichtkoepel in de hal kreeg glas-in-loodramen en in verschillende vertrekken werden schilderingen boven de deuren aangebracht. Heel modern was het stromende warme water in haar badkamer. Bovendien kwam er een mooie, nieuwe trap naar de eerste verdieping. Emma stond erop dat de koperen leuning van deze trap wekelijks glanzend werd gepoetst. Ze vond het onnodig dat de trap werd doorgetrokken naar de tweede verdieping. Daar had zij zelf immers geen vertrekken in gebruik. Van het personeel mochten slechts twee hofdames de trap met de koperen leuning gebruiken. De rest van het personeel diende de onopvallende trappen te nemen die achter de deuren aan de linkerkant van het gebouw lopen.
Emma woonde tot haar overlijden in 1934 's winters in dit paleis.

Paleis Lange Voorhout was voor de vorstinnen Wilhelmina, Juliana en Beatrix hun werkpaleis. Jarenlang zwaaide de koninklijke familie op Prinsjesdag vanaf het kleine, goudkleurige voorbalkon naar het volk. Nadat de voormalige koningin Beatrix en prins Claus het paleis Noordeinde verkozen tot hun werkpaleis, werd Paleis Lange Voorhout in 1991 verkocht aan de gemeente Den Haag. Het Haags Gemeentemuseum organiseerde er tentoonstellingen. Tot in 2002, toen vestigde zich er het Museum Escher. Bijna alle stukken van de Nederlandse kunstenaar M.C. Escher (1989-1972) zijn er te zien, alle zijn permanente bruiklenen van het Gemeentemuseum. Escher werd wereldberoemd met zijn houtsneden, houtgravures en lithografieën, waarin hij speelde met wiskundige principes. Zijn werk verbeeldt ingewikkelde en onmogelijke constructies en geometrische figuren en patronen die in elkaar passen en op wonderlijke wijze geleidelijk van vorm veranderen.

De bezoeker krijgt in het Museum Escher in het Paleis bovendien ook een indruk van hoe het paleisleven in de tijd van Emma

geweest moet zijn.
De oude bediendentrap wordt nog steeds door het personeel én door de museumbezoekers gebruikt. Het gouden balkon aan de voorgevel mag niet meer betreden worden.

Naast het voormalige paleis is een smal winkelpand, naar men zegt is het met 1.80 meter het smalste winkelpand van Den Haag. Hier zat ooit suikerbakker Van Haaren. Hij verhuurde in het begin van de negentiende eeuw kamers aan baron Hop, een enthousiast koffiedrinker. Het verhaal gaat dat de baron op een avond per ongeluk zijn koffiemok met een restje koffie, room en suiker op de kachel had laten staan. De volgende ochtend was het vocht karamel geworden en het Haagse Hopje was geboren. Andere beweren dat de suikerbakker het brokje karamel met koffiesmaak voor de baron bedacht, omdat deze geen koffie meer mocht van zijn arts.

Plaats: Lange Voorhout 74

De erfgenamen van Mauk Escher beheren op professionele wijze de auteursrechten van diens grafiek. Dat is ook wel nodig, want de toepasbaarheid van Eschers wereldwijd bekende ontwerpen is zeer groot.

Westduinpark
NATTE PAN

Een van de grootste natuurgebieden van Den Haag is het Westduinpark. Dit is strikt genomen geen park maar een duingebied. Om zandverstuivingen tegen te gaan werden hier in de vorige eeuw bomen en struiken gepland die er van nature niet voorkwamen. Maar tussen 2011 en 2013 nam men het Westduinpark op de schop en is het duinlandschap in oude glorie hersteld. De witte duintoppen met het stuivende zand zijn terug; wind, zee, zout en zand hebben weer vrij spel.

De zuidhellingen van de duintoppen werden bij deze 'make-over' helemaal vrijgemaakt van begroeiing. In totaal zijn er ongeveer 1300 bomen weggehaald. De duinroosstruiken, waarmee de duinen dichtgegroeid waren, werden uitgegraven en het zand werd tot een meter diep gezeefd zodat er geen wortels achterbleven. De asfaltpaden en hekken hebben zoveel mogelijk plaats gemaakt voor roosters, schelpen- en zandpaden. Er lopen ook Schotse Hooglander-koeien rond die door hun grazen het duin op een natuurlijk manier open houden. Daarmee maken ze het ook weer een aantrekkelijk leefgebied voor het konijn. Overigens zijn deze runderen geleased, inclusief onderhoudscontract en een vervangend exemplaar bij schade.

Tijdens de herstel-operatie heeft men de ingangen van de bunkers in dit gebied afgesloten en ze vervolgens speciale openingen voor de vleermuizen gegeven. Daarmee vormen de bunkers een goede overwinterplek voor deze bedreigde diersoort.

Het Westduinpark heeft een vochtige duinvallei: Natte Pan. Voor 2011 was deze vallei dichtgegroeid met bomen en struiken die bijna al het zoete water opdronken. Nadat deze werden weggehaald staat er weer een flinke laag water in de vallei. Het is een schitterende plek, er groeien orchideeën en paddestoelen en er leven bijzondere vogelsoorten, vlinders, zandhagedissen en rugstreeppadden. Het publiek mag alleen buiten het broedseizoen in de Natte Pan, onder leiding van een gids.

Plaats: Ingang: onder andere Savornin Lohmanlaan.

Het Westduinpark, dat ligt tussen Kijkduin en Duindorp, heeft een paar hoge duintoppen die prachtig uitzicht bieden over Den Haag.

De Nieuwe Kerk
CENTRUM

De Nieuwe Kerk aan het Spui, opgericht in 1656, heeft sinds de jaren zeventig van de vorige eeuw geen kerkelijke functie meer. Tegenwoordig is het een evenementlocatie, waar bovendien kan worden getrouwd.

Aan het begin van de Gouden Eeuw bestond de omgeving van het Spui voor een groot deel uit weilanden. Maar de stad groeide gestaag, ook het aantal kerkgangers nam toe en de Grote Kerk werd te klein. Na het vertrek van de Spanjaarden werd besloten om een nieuwe kerk te bouwen: vandaar de naam Nieuwe Kerk. Het was de eerste kerk die speciaal voor protestanten werd gebouwd.

De grachten waren nog niet gedempt en de Nieuwe Kerk kwam op het eiland tussen het Spui, Rotterdamse Veerkade, Amsterdamse Veerkade, Stille Veerkade, Paviljoensgracht en Sint Antonisbrugwal.

De kerk is een centraalbouw; ze is symmetrisch gebouwd rondom een denkbeeldige verticale as. De ruimte bestaat uit twee achtzijdige delen. In een smaller verbindingsdeel staat de preekstoel. Bovendien heeft het gebouw een zelfdragende kapconstructie. Dat wil zeggen dat de uit zware eiken spanten en balken geconstrueerde kap niet op pilaren steunt. En op deze kap staat ook nog eens een toren van 23 meter hoog.

De Nieuwe kerk behoort tot de top 100 der Nederlandse Unesco-monumenten.
Helaas is deze schitterende kerk net als veel andere Haagse kerken alleen toegankelijk tijdens evenementen en de jaarlijkse monumentendag.

Plaats: Spui 175

In de tuin van de kerk staat het grafmonument van Spinoza. Baruch Spinoza, geniaal Joods filosoof, was door de Joodse gemeenschap wegens atheïsme in de ban gedaan en mocht daarom niet op de Joodse begraafplaats liggen.

Nieuwe Boulevard
SCHEVENINGEN

Als gevolg van klimaatveranderingen stijgt de zeespiegel en neemt de kracht van de golven toe. Daarom moeten zwakke plekken in de Nederlandse kust versterkt worden. Scheveningen had zo'n zwakke plek, die liep van de Scheveningseslag tot aan de Tramstraat ten zuiden van de Keizerstraat. Na drie jaar graven en bouwen, kreeg Scheveningen in 2013 een zeer geslaagde verhoogde en verbrede kustbeveiliging. Van een hoge, dikke dijk is niets te zien, die is weggewerkt onder een nieuwe boulevard.

De krant Den Haag Centraal beschreef deze nieuwe boulevard treffend als 'een spel van soepel in elkaar overvloeiende lijnen en traag verlopende hoogteverschillen.'
Ter hoogte van de Keizerstraat zijn er verschillende niveaus, met onder meer een promenade op het strandniveau. De strandpaviljoens liggen hier geclusterd langs de twee kilometer lange kustlijn. Door de 'open gaten' kan men vanaf de boulevard vrij uitkijken op het strand en de zee.
Bij de werkzaamheden aan de nieuwe boulevard werden verschillende bunkers gevonden. Uit de oude strandmuur bij de vuurtoren werd een Nederlandse bunker gegraven. Deze heeft een eervolle plek onder de boulevard gekregen, ter hoogte van de voetgangersbrug bij de Vuurbaakstraat. Een stukje van de bunker is te zien door een kijkplaat met verlichting in de bestrating.

Bij het bekende standbeeld van de Scheveningse Vissersvrouw kwam een monument: het Vissers Namen Monument Scheveningen, dat herinnert aan de vele Scheveningse vissers die omkwamen op zee.

Op beeldengebied is er meer te genieten. Ter hoogte van het Museum Beelden aan Zee heeft de Amerikaanse kunstenaar Tom Otterness een groot aantal humoristische beelden gerealiseerd, waarin onder meer bekende sprookjestaferelen zijn uitgebeeld.
Het ontwerp van de nieuwe boulevard is van de Spaanse architect De Solà Morales.

Plaats: Strandweg

Door de verschillende in elkaar overvloeiende niveaus is het strand hier voor rolstoelers en andere mensen met een motorische beperking veel toegankelijker dan voor de aanleg van de nieuwe boulevard.

Oud Eik en Duinen
VRUCHTENBUURT

Oud Eik en Duinen is een van de oudste begraafplaatsen van ons land. In de dertiende eeuw was het niet meer dan een klein kerkhofje dat hoorde bij de kapel van het gehucht Eik en Duinen. De kapel was gewijd aan Maria en werd in 1234 gesticht door graaf Willem II voor de zieleheil van zijn vader, graaf Floris de IV. Deze was in een toernooigevecht om het leven gekomen.

Eind veertiende eeuw werd de kapel een bekend bedevaartsoord, en dat is het nog altijd. De verering zou gaan om een combinatie van een Mariabeeld en ecn splinter van het Heilige kruis die ooit zouden zijn bewaard in de kapel.
Een restant van de kapel staat er nog. Het torent hoog uit boven de grafmonumenten. Het stuk muur valt meteen op wanneer men de begraafplaats oploopt. Feitelijk vormt deze muur, samen met onderdelen van het Binnenhof, het oudste stukje van Den Haag.

Plaats: Laan van Eik en Duinen 40

Op Eik en Duinen liggen meerdere bekende Nederlanders begraven, waaronder Louis Couperus en Willem Drees.

Het Oude Stadhuis
CENTRUM

Tot in de 19de eeuw kwam het verkeer uit Delft, het Westland en Scheveningen op de Dagelijkse Groenmarkt uit. Hier werden van oudsher markten gehouden en feesten gevierd. Bovendien was het een verzamelplaats voor ridders die ten strijde trokken.
Vanaf de 13de eeuw stond er het kasteel van de Heren van Brederode. Eind 14de eeuw nam het gemeentebestuur dit huis in beslag en vestigde er het Dorpshuys.

Twee eeuwen later zamelden de inwoners van Den Haag geld in om stadsmuren van te bouwen. Den Haag was immers zonder verdedigingsgrachten of muren een makkelijke prooi voor de vijand. Die stadsmuren zijn er nooit gekomen en het ingezamelde geld kreeg een hele andere bestemming. De toenmalige twee burgemeesters van Den Haag besloten er een nieuw Raadhuis van te laten bouwen bovenop de kelders van het middeleeuwse Hof van Brederode. Het werd tussen 1561 en 1565 gebouwd, de architect is onbekend. Het was het eerste stadhuis in de Noordelijke Nederlanden in renaissancestijl.

De voorgevel is rijk versierd met beeldhouwwerk. Aan het eind van de zestiende eeuw werd er een opvallende achthoekige toren aangebouwd. Daar kwam later nog een opengewerkte spits bovenop. In de toren hangen twee klokken. Eén stamt uit 1493 en komt waarschijnlijk nog uit het oude Dorpshuys. In de 18de eeuw werd het stadhuis uitgebreid met een vleugel langs het Kerkplein, naar een ontwerp van de architect Marot.

Het stadhuis heeft een ruime hal met lichtkoepel, versierd met overdadig stucwerk in Lodewijk XlV-stijl. Er zijn indrukwekkende vertrekken, zoals de Secretarie, de Conciërgerie, het Scheepen-vertreck, de Scheepenkamer, het Burgemeestervertreck, de Burgemeester-camer en de Scheepenzaal.
De Scheepenkamer is het oudste deel van het stadhuis. Deze kamer, met houtsnijwerk en een versierde eikenhouten schepenbank uit 1671, werd gebruikt als rechtszaal. Daar zaten de schout

en de schepen bijeen. De Burgemeesterskamer op het houten plafond een schildering uit 1682.

Plaats: Grote Halstraat 1

Het stadsbestuur heeft vier eeuwen gebruik gemaakt van het gebouw. Tegenwoordig wordt het oude stadhuis alleen nog gebruikt voor zeer bijzondere gelegenheden en het is ongetwijfeld een van de mooiste trouwlocaties in Den Haag.

Pagehuis
LANGE VOORHOUT

Het Pagehuis met de trapgevel aan het Lange Voorhout nummer 6 dankt zijn naam aan de pages van de prins van Oranje. Dit waren jonge mannen uit vooraanstaande families, die als cadetten een opleiding volgden aan de Delftse academie.
Een hof hoorde pages te hebben, vond men in de 18de eeuw. Dus werden de cadetten in Den Haag ontboden en in het Pagehuis gehuisvest, want op het Binnenhof was geen plek. Het schijnt dat ze iedere ochtend en iedere avond enkele hoofdstukken uit de bijbel moesten lezen. Op zondag nam de gouverneur ze mee naar de kerk en ook kregen ze les in krijgskunde, aardrijkskunde en geschiedenis. Verder moesten ze bepaalde diensten voor de vorst verrichten. Zo werden ze goed voorbereid op hun toekomstige taak: een functie op niveau in het leger.

Het perceel waarop het Pagehuis staat, maakte ooit deel uit van het middeleeuwse Vincentiusklooster. De kerk van dit klooster is de huidige Kloosterkerk. In de Spaanse tijd werden de broeders uit hun klooster verjaagd. De kloosterkerk werd een paardenstal en het koor van de kerk werd gebruikt als kanongieterij. Voor deze kanongieterij werd naast het kerkgebouw een toegangspoort aan het lange Voorhout gemaakt, die er nog altijd is.
Overigens wilde Prins Maurits aan het eind van de zestiende eeuw

van het Lange Voorhout een gracht maken waarover de zeer zware kanonnen uit de gieterij zouden kunnen worden vervoerd. Maar het Lange Voorhout ligt op een hoge zandwal, misschien dat de plannen daarom niet zijn uitgevoerd.

Naast de poort naar de kanongieterij werd voor de hoofd-kanonnengieter een huis met rode luiken en een trapgevel gebouwd. Het pand was smaller dan dat het nu is. De oorspronkelijke breedte wordt gemarkeerd door gebeeldhouwde hoofden van de oorlogsgod Mars en zijn vrouwelijke tegenhanger Bellona aan de gevel. Aan deze hoofden is goed te zien dat het pand aan één kant is verbreed met één vensterlengte.
In de zeventiende eeuw viel het huis niet op, want vrijwel alle panden aan het Lange Voorhout en in de rest van de stad hadden in die tijd een trapgevel.

Nadat de kanongieterij was vertrokken betrokken de pages het huis en in de negentiende eeuw werd het beschikbaar gesteld als hoofdkwartier van het Rode Kruis. De bedsteden waarin ooit de pages sliepen, werden gebruikt al opbergkasten.

In de 18de eeuw werd het mode om de trapgevels, naar Frans voorbeeld, te verbouwen tot een strakke gevel. De bovenkant van de gevel werd gewoon afgebroken en er kwam een rechte, houten gevellijst voor in de plaats. Maar het pagehuis was staatseigendom en de staat deed niet mee aan modegrillen. Daardoor is het nog een van de weinige panden in de Den Haag met een 17de eeuwse trapgevel.

In 1921 werd het pagehuis in opdracht van Prins Hendrik gerestaureerd. De witte kalklaag die men ooit op de gevel had aangebracht, werd verwijderd. Het pand kreeg zwart-witte vloertegels afkomstig uit een oud Delfts huis. Het toegangspoortje was ooit vervangen door een eenvoudige deur. Men wilde het oorspronkelijke toegangspoortje graag terug, maar hoe had dat eruit gezien? Besloten werd om een oud, zandstenen poortje in de Hartogstraat na te bouwen. Dit poortje is nog altijd in de Hartogstraat te zien.

Plaats: Lange Voorhout 6

De complete gevel van het Pagehuis werd een paar jaar geleden op zijn beurt ook weer nagebouwd. Deze gekopieerde trapgevel, inclusief het nagebouwde poortje van de Hartogstraat, is te zien in de Haagse Bluf.

Paleis Noordeinde

Het Paleis aan het Noordeinde wordt ook wel 'Het Oude Hof' genoemd. Het gebouw werd in 1533 gebouwd, in opdracht van de grafelijk ambtenaar Willem Goudt. Daarna had het diverse eigenaren, tot het aan het eind van de 16de eeuw werd gekocht door de Staten van Holland. Na de dood van Willem van Oranje bood de staat het paleis in 1609 cadeau aan diens weduwe. Zij, Louise de Coligny, is er vervolgens gaan wonen. Tussen 1813 en 1940 bewoonden de regerende Oranjevorsten onafgebroken het paleis. Maar Wilhelmina keerde er na de Tweede Wereldoorlog niet terug en ook Juliana ging er niet wonen.

Toen Beatrix koningin was, werd het paleis haar 'werkpaleis.' Willem Alexander, toen nog de kroonprins, woonde tot 2003 in een pand naast het paleis. In de loop der eeuwen werd het Paleis Noordeinde diverse keren gerenoveerd. De allereerste oorsprong is, voor zo ver na te gaan, een boerderij. In de Middeleeuwen was het Noordeinde een weg die de stad uit voerde.

Plaats: Noordeinde 68

Tot het paleis behoren ook de Koninklijke Stallen en op het terrein staat het Koninklijk Huisarchief.

Paleistuin
CENTRUM

De Paleistuin, achter het paleis Noordeinde, heette oorspronkelijk Prinsessetuin en dateert uit 1649. Het park grenst aan de Koninklijke Stallen aan de Hogewal. In de tuin staat ook het gebouw van het Koninklijk Huisarchief.

In de Paleistuin, vlakbij de marechaussees, staat een merkwaardige stamvoet. Het is het overblijfsel van een bijzondere paardenkastanje die daar tot eind 2007 meer dan honderd jaar heeft gestaan. De boom had een tak die lang geleden op een bijzondere wijze als een soort steunbeer naar de grond is gegroeid. Zo hield de dikke tak de oude kastanje jarenlang overeind, tot er een storm kwam waaraan de boom zich moest overgeven. De toenmalige koningin Beatrix wilde dat de stamvoet als een relict bleef staan. Ter gelegenheid van haar 70ste verjaardag werd er namens het gemeentebestuur naast de oude stam een jonge koningslinde geplant. De naam koningslinde stamt nog uit de tijd van Koning Willem II. Hij stelde nieuw plantenmateriaal ter beschikking aan kwekers in het rivierengebied, die door de overstroming in 1870 hun moederplanten verloren. Met deze gift waarborgde hij voor de toekomst een soort van het lindengeslacht.

Even voorbij de stamvoet is een 'geheime' uitgang van de tuin. Een smal steegje voert via een deur naar een kort zijstraatje (officieel de Molenstraat). Hier staat een prachtig pand uit 1875. Het is een voormalig koffiepakhuis dat is verbouwd tot een vijflaags woonhuis. Het zijstraatje loopt onder de oude Koningspoort door naar de Molenstraat.

De Molenstraat vormde in de 13de eeuw de grens van Den Haag, daarachter was een duin- en veengebied. Den Haag had geen stadsmuren, maar de Koningspoort in de bebouwing aan de Molenstraat kon wel worden afgesloten. De Paleistuin is vrij toegankelijk tussen zonsopkomst en zonsondergang.

Plaats: Prinsessewal

Inmiddels is de Paleistuin bezit van de gemeente. Maar marechaussees bewaken er nog altijd de achterkant van het Paleis Noordeinde.

Panorama Mesdag
WILLEMSPARK

Al in 1787 kwam de Ierse schilder Robert Barker met het idee van het panoramaschilderij. Hij bedacht allerlei maatregelen die moesten zorgen voor een ruimtelijke illusie. In de cilindervormige ruimte zijn de randen van het panoramadoek niet te zien. De beeltenis van het schilderij loopt als het ware over in de voorgrond. Hierdoor is de diepte van het beeld niet waar te nemen.

De panoramadoeken van Barker oogstten in Londen veel succes. Ze werden ook in andere landen tentoongesteld en Barker liet in Berlijn meerdere panoramagebouwen neerzetten. Na een jaar of vijftig raakten de panorama's in de vergetelheid. Tot het fenomeen in de tweede helft van de negentiende eeuw met name in Frankrijk en België opnieuw een rage werd. Belgische ondernemers benaderden de kunstschilder Hendrik Willem Mesdag voor het schilderen van een panorama van Scheveningen.

In 1881 stond Mesdag op de top van de hoogste duin bij de Haagse kust; het Seinpostduin. Hij tekende daar de omgeving op een glazen cilinder. Deze tekening zette hij vervolgens, met behulp van een stramien van potloodlijnen, over op een doek van 114,5 meter lang en 14,5 meter hoog. Het doek hing in een speciaal daarvoor gebouwd zestienhoekig rotondegebouw aan de Zeestraat. Voor de uitwerking van het schilderij gebruikte hij schetsen die hij de zomer ervoor al in Scheveningen had gemaakt. En hij werkte niet alleen. Ook zijn vrouw Sientje, de kunstschilders Breitner, De Bock, Blommers en twee Belgische decoratieschilders schilderden mee aan het panorama. Voor het doek stond een steiger van 14 meter hoog die langs doek kon rijden. Vanaf de steiger kon aan het enorme schilderij worden gewerkt. Voor de weergave van het juiste perspectief van de omgeving maakten Mesdag waarschijnlijk ook gebruik van foto's die hij vanaf de Seinpostduin had laten maken. Van mei tot augustus werd er gewerkt aan het schilderij. In het rotondegebouw kwam een voorgrond van zand, dat een kopie was van de kruin en de glooiingen van het Seinpostduin. Voor het publiek kwam er bovenop het 'duin' een platform met balustrades. Maar het liep niet storm.

In diezelfde tijd was er ook een panorama te zien in een gebouw aan het Bezuidenhout, en Amsterdam en in Rotterdam hadden ook een panorama. Geen van alle waren ze echter succesvol, en in 1885 ging het Panorama van Scheveningen al failliet. Vervolgens kocht Mesdag het zelf op om het te exploiteren. Zijn panoramadoek werd tentoongesteld in München en Amsterdam en Mesdag liet het rotondegebouw aan de Zeestraat uitbreiden met expositiezalen waarin hij eigen werk en dat van zijn inmiddels overleden vrouw Sientje Mesdag tentoonstelde. Na de dood van Mesdag namen zijn erven de exploitatie over. Tegenwoordig zijn er wisselende exposities in de verschillende zalen in het complex aan de Zeestraat, met werk van diverse beeldende kunstenaars. Maar toppunt van een bezoek blijft het panorama. Staand op de 'duintop' waant de bezoeker zich even terug in de negentiende eeuw, toen Scheveningen nog geen zeehaven had, de visserschepen gewoon op het strand lagen, het dorp klein was en de duinen ongerept.

Het Seinpostduin werd aan het eind van de negentiende eeuw afgegraven, er kwam een café-restaurant. In 1982 werd dat afgebroken en kwam er een appartementencomplex. Ook is er een befaamd sterrenrestaurant.

Plaats: Zeestraat 65

Dat het Panorama Mesdag de tijden heeft overleefd, komt ongetwijfeld omdat het zo gewoon is. Terwijl de panoramaschilders doorgaans spectaculaire onderwerpen kozen, schilderde Mesdag de alledaagse werkelijkheid. In zijn eigen tijd zag men daar minder het bijzondere van in dan nu.

Papaverhof
BLOEMENBUURT

In de bomen- en bloemenbuurt ligt het Papaverhof. Dit is een bijzonder woonwijkje dat bestaat uit 128 huizen. Het zijn 68 witte laagbouwwoningen die in een dubbele hoefijzervorm rondom een verdiept plantsoen van ongeveer 70 hij 100 meter liggen. Daaromheen werden nog eens 60 etagewoningen gebouwd. De vorm van de wijk, ontworpen door Jan Wils en opgeleverd in 1922, is uniek. Het Papaverhof werd in die tijd een tuindorp genoemd. De huur van woningen was niet hoog, ze waren bedoeld voor de middenklasse die normaal gesproken in benauwde stadsappartementen woonde.

De huizen hebben een bijzonder vormgeving. De beroemde architect Berlage, onder andere bekend van ons gemeentemuseum, adviseerde Jan Wils bij zijn ontwerp. Jan Wils was in die dagen al een van de modernste architecten van Nederland en lid van De Stijl. Dat het Paperhof geheel is ontworpen naar de opvatting van De Stijl, is goed te zien aan de kubistisch vormgeving. De gevels bestaan uit horizontale en verticale verspringende rechthoeken met kozijnen in blauw, geel, zwart en wit.
De 68 witte laagbouwwoningen zijn paarsgewijs rug aan rug geschakeld, uniek en ruimtebesparend. De omringende flats kregen allerlei noviteiten, zoals een goederenlift en de mogelijkheid om vanuit de woningen de benedendeur van het portiek automatisch te openen.
Het was de bedoeling dat het hele complex werd gebouwd in sintelbeton, wat in die tijd hypermodern was. Deze betonsoort wordt gegoten in een bekisting. Maar toen de eerste bekisting tijdens de bouw werd verwijderd, vertoonde het beton barsten. De constructie moest worden afgebroken en de rest van het complex moest met bakstenen worden afgebouwd. Dit betekende bijna het faillissement voor Wils. Maar zijn succesvolle ontwerp voor het Papaverhof zette hem definitief op de kaart. Later ontwierp hij onder andere het Olympisch Stadion in Amsterdam.
Een deel de woningen van het Papaverhof is inmiddels in particulier bezit. De rest van de woningen wordt verhuurd.

Plaats: Tussen Irisstraat, Magnoliastraat en Klimopstraat

De Papaverhof staat op de lijst van de honderd belangrijkste Unesco-monumenten van Nederland.

Parkstraatkerk
CENTRUM

Ten tijde van de reformatie, na de beeldenstorm in 1566, bleef er voor de katholieken geen enkele kerk meer over. Ook de Grote of St. Jacobuskerk aan de Groenmarkt kwam in handen van de protestanten. De katholieke parochianen van de St. Jacob vierden daarna hun diensten in schuilkerken. Zo was er een schuilkerk achter een huis in de Oude Molstraat, het tegenwoordige Willibrordushuis -spiritueel centrum- op nummer 35. De restanten van deze schuilkerk zijn nog altijd zichtbaar in de eetzaal van het Willibrordushuis. Overigens werd in 1928 op de eerste etage van dit pand, een fraaie kapel gebouwd.

De parochianen van de schuilkerk in de Oude Molstraat kregen eind negentiende eeuw in de Parkstraat weer een eigen kerkgebouw: de Heilige Jacobus de Meerdere. Het is een waardige opvolger van de middeleeuwse Sint Jacobskerk.

De kerk werd tussen 1875 en 1878 gebouwd naar een ontwerp van de P.J.H. Cuypers, de beroemde architect die onder andere het Rijksmuseum in Amsterdam ontwierp.

De kerk, ook wel de Parkstraatkerk genoemd, is één van de mooiste van Den Haag. Het is een driebeukige neogotische kruisbasiliek. De steunberen zijn aan de binnenkant van de muren geplaatst. Er is een omgang met galerij en aan weerzijde van het koor zijn kapellen. Het gebouw is van binnen schitterend beschilderd met kleurrijke motieven en voorstellingen en er zijn prachtige glas-in-loodramen. In het kerkinterieur zijn nog houten Mariabeelden en engelenfiguren terug te vinden die afkomstig zijn uit de vroegere schuilkerk in de Oude Molstraat. De muurschilderingen en de zeer bijzondere tegelvloeren in de kerk en buiten op het voorplein zijn naar ontwerp van Cuypers. Het voorplein word afgesloten door een sierlijk smeedijzeren hek met twee lantaarns.

Plaats: Parkstraat 65

De halfingebouwde kerktoren is met zijn 90 meter net niet zo hoog als de 92,5 meter hoge toren van de Grote Kerk.

Passage
CENTRUM

De Haagse passage, een overdekte winkelstraat, is een pronkstuk uit 1885. Het werd ontworpen in neorenaissancestijl door de architecten Westra en Van Wijk.

Oorspronkelijk waren het twee armen die de Spuistraat en het Buitenhof over een totale lengte van 160 meter met elkaar verbonden. Boven de 53 winkels kwamen woningen. In 1929 werd er een derde arm aan De Passage gebouwd die uitkomt op de Hofweg. De armen komen samen op het centrale plein onder een indrukwekkende koepel met een doorsnede van 14 meter.

Nadat De Passage in de loop der jaren steeds verder in het verval raakte, startte men in 2003 een enorme opknapbeurt en werd het historische monument in haar oude luister hersteld. In de centrale ruimte bevond zich vroeger het Hotel du Passage. Deze ruimte stond tientallen jaren leeg. Na de verbouwing vestigde zich de bekende Haagse boekhandel Verwijs in de monumentale ruimte, en later de Apple-store.

Ingangen: Hofweg, Spuistraat en Gravenstraat

In het kader van de nieuwbouw aan de Grote Markstraat is er opnieuw een winkelpassage in aanbouw.

Pastoor van Arskerk
BOHEMEN

Het grauwe gebouw aan de rand van het Meer en Bos lijkt in niets op een kerk. Toch werd het pand in 1963 door de beroemde architect Aldo van Eijck ontworpen als kerkgebouw voor de rooms katholieke gemeenschap. Zijn labyrintachtige ontwerp kreeg wereldwijd veel bekendheid en zou van grote invloed zijn geweest op de Nederlandse kerkbouw in de tweede helft van de twintigste eeuw.

De jaren zestig van de vorige eeuw was een tijd waarin de starre hiërarchie van de kerk onderhevig was aan nogal wat kritiek; men wilde de kloof tussen de gelovigen en de geestelijkheid dichten. Van Eijck zei dat hij met zijn ontwerp de onontkoombaarheid van de oude versleten hiërarchiën wilde proberen te matigen. Hij liet zich voor de Pastoor van Arskerk inspireren door kerken die hij in Zuid Europa had gezien.
De Pastoor van Arskerk werd opgetrokken uit grijze betonblokken en kreeg een lage gesloten, rechthoekige kerkruimte die doet denken aan een catacombe. Vanuit de gedachte dat er rond Zuideuropese kerken altijd bedrijvigheid is, ontwierp Van Eijck een hoge dwarsruimte als een gotisch schip. Dit deel kreeg de naam de 'Straat'. De kapellen aan de 'Straat' zijn de winkeltjes waar men 'zaken' kan doen.

Het licht valt van bovenaf door ronde, trommel-vormige dakvensters de kerk in. De kerk heeft niet één duidelijk centrum waarop alle religieuze handelingen worden verricht. Overal zijn doorkijkjes en overal zijn hoogte- en niveauverschillen.
In kringen van kerkarchitecten wordt de kerk geroemd om de liturgische intelligentie die van Eijck in zijn ontwerp heeft laten zien. Vooral de wijze waarop hij elke religieuze behoefte met behulp van

sobere en heldere architectonische taal heeft weten te faciliteren, wordt zeer geslaagd geacht. Waarschijnlijk moet men zelf kenner zijn om dit ten volle te waarderen.

Plaats: Aaltje Noordewierstraat 4

Sinds 2009 is de pastorie een klooster dat wordt bewoond door de Blauwe Zusters. In de kerk worden nog altijd missen opgedragen. De Pastoor van Arskerk aan de Aaltje Noordewierstraat is een gemeentemonument.

Paviljoen von Wied
BEELDEN AAN ZEE

De vrouw van koning Willem I, Wilhelmina van Pruisen, had last van slapeloosheid. In de hoop dat de zeelucht haar goed zou doen, liet de koning in 1827 een soort paleisje bouwen in de nog ongerepte duinen van Scheveningen: een pied à terre voor een enkel dagje aan zee. Het stond hoog op een duin en keek uit over het Noordzeestrand. Rondom werd een geometrische tuin aangelegd en verder was er nog geen enkele bebouwing. Wanneer de koningin er verbleef, tekende en schilderde ze veel.

Het Koninklijk paviljoen werd ontworpen door Adriaan Noordendorp. Het is in neoclassistische stijl gebouwd en heeft zuilen en een driehoekige geveltop in het midden. Het plattegrond is kruisvormig en symmetrisch.

In 1881 erfde Marie, kleindochter van Willem I, het koninklijk paviljoen. Zij was getrouwd met Adolf von Wied, zo komt het buitenverblijf aan de naam Paviljoen von Wied.

In 1918 kocht Sociëteit de Witte het gebouw en een deel van de omliggende grond. Maar De Witte had eind jaren tachtig onvoldoende geld voor een noodzakelijke restauratie. Professor Theo

Scholten kwam met de sociëteit overeen dat hij naast en onder het paviljoen een museum voor zijn beeldencollectie mocht laten bouwen. Het Museum Beelden aan Zee van architect Wim Quist werd in 1994 gebouwd en daarbij kon het paviljoen meteen grondig worden gerestaureerd.

De collectie van Theo en Lida Scholten bestaat uit bijna 1000 beelden van bekende en minder bekende kunstenaars van over de hele wereld. De meeste werken zijn uit de tweede helft van de twintigste eeuw.
Het museum organiseert veel tentoonstellingen. En op de boulevard vlakbij staat een hele leuke vaste opstelling 'Sprookjesbeelden aan zee'. Het paviljoen zelf dient nu als een soort buitenverblijf van Sociëteit de Witte.

Plaats: Pellenaerstraat 4

Beelden aan Zee heeft zich in korte tijd ontwikkeld tot het belangrijkste centrum voor plastische kunst in Nederland. Het bezit een grote bibliotheek en documentatiecentrum, onder de naam Sculptuurinstituut.

De Pier
SCHEVENINGEN

De geschiedenis van de Pier begint in 1901 als prins Hendrik het 'Wandelhoofd Koningin Wilhelmina' opent. De pier was een houten constructie achter het Kurhaus. Vanaf het terras ging er een brug over de boulevard en vervolgens strekte de pier 380 meter de zee in. Aan het eind was een groot platform met een paviljoen dat plaats bood aan 1200 bezoekers. Daar werden 's middags en 's avonds concerten gegeven door de Kurkapel.

Na de Eerste Wereldoorlog traden er diverse bekende variétéartiesten op. Vaak waren de optredens in het Frans of het Duits, vanwege de gasten in het Kurhaushotel. De artiesten vonden het doorgaans geweldig om in het paviljoen op te treden, al was de locatie minder geliefd bij Noordwester wind, want dan bleven de stoelen over het algemeen leeg. En ook de donderdagavond was niet geliefd bij de artiesten. Want dan gingen stipt op tijd de lichten uit vanwege het vuurwerk op Scheveningen.

In de loop der jaren is er zeel veel veranderd en gewijzigd aan de pier. Tijdens de Tweede Wereldoorlog gebruikten de Duitsers het paviljoen als opslagplaats. In 1942 brak er brand uit op de rotonde, de pier brandde af en de Duitsers sloopten de overblijfselen.
Pas in 1959 werd de nieuwe wandelpier geopend, deze ligt noordelijker dan het oude wandelhoofd. Er kwamen drie eilanden aan het eind en een uitkijktoren. Een paar jaar later kwam er nog een vierde eiland bij.

Naarmate de tijd vorderde nam de belangstelling voor de Scheveningse pier af. Het horecaconcern Van der Valk nam het verwaarloosde geheel over in 1991 en probeerde het tij te keren. De pier kreeg twee wandelniveau's boven elkaar en er kwam een casino op een van de eilanden. Maar in 2012 ging de pier failliet. Volgens berekeningen was er een kostenpost van 5 miljoen euro aan achterstallig onderhoud. Het lijkt erop dat het tijdperk van de pieren in zee - niet alleen in Den Haag - definitief voorbij is.

Plaats: Strandweg

In de oorlog vertelden Hagenaars elkaar graag dat de Duitsers de Pier hadden gesloopt omdat ze bang waren dat de Engelsen er bij een invasie gebruik van zouden maken.

Plein 1813
WILLEMSPARK

Het Willemspark was de eerste stadsuitbreiding buiten de Haagse singelgrachten. De wijk kwam tot stand tussen 1857 en 1861. Midden in het Willemspark ligt Plein 1813.

Oorspronkelijk was deze wijk een landschapspark dat koning Willem II had laten aanleggen om er paard te rijden. Hij verkocht de grond in 1855 aan de gemeente. In die jaren raakte Den Haag binnen haar singelgrachten overvol en werd het tijd voor stadsuitbreiding buiten de grachten.

Op het voormalige koninklijke terrein werd een wijk gepland met monumentale panden die ruim in het groen kwamen te staan. De villawijk werd parkachtig van karakter.

Het ontwerp van de wijk Willemspark was gebaseerd op een kruis van twee lanen, de Sophialaan en de Alexanderstraat. Op de kruising kwam het grote ovaalvormige plein 1813. Bij het ontwerp van het plein werd al uitgegaan van de plaatsing van het monument. In 1863 was het namelijk precies vijftig jaar geleden dat Prins Willem Frederik van Oranje Nassau weer voet aan wal op Scheveningen zette. Nederland was na achttien jaar bezetting door de Fransen een vrij en onafhankelijk koninkrijk geworden.

De locatie van Plein 1813 lag in het begin van de negentiende eeuw nog aan de rand van Den Haag, vlakbij het begin van de Scheveningse weg. Daar verzamelden zich op 30 november 1813 honderden Hagenaars, nadat bekend werd dat de Prins in aantocht was. De 's-Gravenhaagse Courant schreef daarover: 'Dezen voormiddag wierden van Scheveningen twee groote schepen gezien, die eerder door den wind belet wierden vroeger dan omstreeks vier uren het land te naderen. Dadelijk verspreidde zich het gerucht dat Prins Willem VI aan boord van een derzelve was. De toeloop naar de Scheveningschen weg was daarop zeer groot en het vreugdegejuich der menigte onbeschrijvelijk. Een weinig voor vijf uren kwam de Prins in den Haag aan.'

Het monument op Plein 1813 werd ontworpen door de architect Willem Cornelis van der Wayen Pieterszen. Het bestaat uit een voetstuk met een enorme vierkante zuil. Bovenop staat een bronzen beeld van de triomferende Nederlandse maagd met leeuw en vaandel. Aan één zijde staat een beeld van Willem I en aan de andere zijde staat een beeld van het driemanschap Van Hogendorp, Van der Duyn van Maasdam en Van Limburg Stirum. Zij bereidden de terugkomst van de prins in 1813 voor.

Aan de twee overige zijden staan vrouwfiguren die de geschiedenis en de godsdienst symboliseren. Overigens zijn dit niet de oorspronkelijke beelden uit de negentiende eeuw. Die waren zo aangetast dat ze in 1950 moesten worden vervangen door replica's.

Tegenwoordig huisvesten de meeste panden rondom Plein 1813 kantoren. Grote delen van de tuinen werden verhard om dienst te kunnen doen als parkeerruimte. Toch heeft het plein en vooral de Sophialaan, met dubbele rijen schitterende kastanjebomen, nog altijd een parkachtige karakter.

Willem II had de laan ooit al in zijn landschapspark laten aanleggen. Aan het begin van de laan (aan de huidige Nassaulaan) liet hij voor zijn paarden een manege bouwen met een neo-gotische gevel. Later, toen de villawijk er eenmaal was, werden de stallen in gebruik genomen als kerk. Wilhelmina en Juliana zijn er allebei gedoopt.

In 1971 werd de kerk gesloopt, maar gelukkig bleef de gevel behouden. Daarachter bouwde men een kantoorgebouw en noemde het Willemshof. De Vereniging van Nederlandse Gemeenten is er thans gehuisvest.

Plaats: kruising Sophialaan, Parkstraat

In de Tweede Wereldoorlog kapte de Haagse bevolking door de hele stad bomen, omdat er geen andere brandstof was. Ter bescherming tegen deze kap werden de stammen van de kastanjes aan de Sophialaan omwonden met prikkeldraad. De bomen bleven gespaard, maar de littekens van het prikkeldraad zijn nog steeds zichtbaar in de basten.

De Posthoorn
VOORHOUT

Bodega De Posthoorn begon ooit aan het Smitsplein, op de plek waar nu de Amerikaanse Ambassade staat. Het was een van de middelpunten van het Haagse artistieke leven, maar ook koningin Wilhelmina bezocht vanuit haar paleis om de hoek regelmatig het etablissement. Na een bombardement in de oorlog verhuisde De Posthoorn naar de huidige locatie, aan de korte kant van het Lange Voorhout. Eerder had er in het pand een autoshowroom gezeten en daarvoor was het een koetshuis. Vanaf die plek vertrokken de koetsen naar Leiden.

Vooral veel Haagse kunstenaars bezochten de bodega aan het Lange Voorhout. Hun kunstwerken werden er opgehangen en ook verkocht. Zo kwam het dat men begon te spreken van De Posthoorngroep. Ieder maand hingen er andere kunstwerken in de bodega. De eigenaar, Jan Knijnenburg, opende zelfs in 1950 naast het pand een expositieruimte: Galerie de Posthoorn.
Deze galerie sloot begin jaren zestig haar deuren en de bodega kreeg nieuwe eigenaren. Maar de beeldend kunstenaars, de acteurs, de dichters, schrijvers en paradijsvogels bleven komen en aan de ouderwetse sfeer in het etablissement is nooit veel veranderd.

Er komen twee onderaardse vluchtgangen onder de Posthoorn uit. Die stammen nog uit de tijd dat het pand een koetshuis was. Eén van de gangen komt vanuit het Paleis op het Lange Voorhout, waar nu het Eschermuseum is. En er is er ook één vanuit het Binnenhof, die loopt onder de Hofvijver door.

Plaats: Lange Voorhout 39a

Den Haag kent meer onderaardse vluchtgangen. Vanuit het Binnenhof loopt er één naar de toenmalige wijnkelder in de voormalige bioscoop de Cineac aan het Buitenhof. En er is er één vanaf het Noordeinde naar de katholieke schuilkerk in de Jufrouw Idastraat. De Haagse vluchtgangen zijn echter al jaren dichtgemetseld en onbegaanbaar.

De postzegelboom
NOORDEINDE

Tegenover het paleis Noordeinde staat een paardenkastanje met een imposante kruin. In de volksmond word dit de Postzegelboom genoemd. Onder het gebladerte was namelijk jarenlang de ontmoetingsplaats van postzegelverzamelaars.
Deze kastanje is één van de honderden bomen in Den Haag die de titel 'levend monument' heeft gekregen. Zo'n predikaat krijgt een boom niet zomaar. Zo moet hij (of is het zij?) onder meer ouder zijn dan vijftig jaar en een bijzondere bijdrage leveren aan de kwaliteit van de woonomgeving.

De postzegelboom stamt uit 1883. Ooit was hier de Neo-Gotische Galerij; een uitbreiding van het paleis Kneuterdijk dat werd gebouwd tussen 1840-1848. Het ontwerp van deze Neo-Gotische Galerij was naar een idee van koning Willem II. Hij woonde in Paleis Kneuterdijk en hij had ruimte nodig voor zijn kunstschatten. De Neo-Gotische Galerij bestond uit enkele zalen die de tuin van het Paleis Kneuterdijk omsloten. Voor de poort van het complex, tegenover het paleis Noordeinde, kwam het ruiterstandbeeld van Willem van Oranje. Het gebouwencomplex had in technisch opzicht helaas niet veel kwaliteit. Het werd in 1882 alweer afgebroken wegens instortingsgevaar. Vincent van Gogh, die in die tijd in Den Haag woonde, schreef in zijn brieven aan zijn broer over de werklui die hij bezig zag aan de afbraak.
Overigens bleef er nog wel een zijvleugel staan; het was de Grote Zaal die nu de Gotische zaal wordt genoemd.

Het ruiterstandbeeld bleef ook, het werd alleen een stuk naar achteren geplaatst zodat het verkeer een betere doorgang kreeg. Op de vrijgekomen grond achter het standbeeld werd de kastanjeboom geplant. Op het plein achter de oude boom staat nu het monument 'Koningin Wilhelmina'. Het kloeke, bronzen beeld van Wilhelmina is gemaakt door Charlotte van Pallandt. Het is een kopie van het stenen beeld van Wilhelmina dat in Rotterdam staat. Op de driehoekige wand achter het beeld staat de tekst: 'eenzaam maar niet alleen'.

De gotische zaal is te bezichtigen tijdens monumentendagen. Hier hangt onder andere het schilderij van Cottreau, waarop Koning Willem II te zien is bij het ruiterstandbeeld van Willem van Oranje, toen dat in 1845 werd onthuld.

Plaats: Noordeinde tegenover het Paleis

Willem II had in Oxford gestudeerd en daar was hij gecharmeerd geraakt van de neo-gotische bouwstijl.

Pulchri Studio
VOORHOUT

In een van de monumentale panden aan het Lange Voorhout is Pulchri Studio gevestigd, een vereniging voor kunstenaars. Het genootschap werd op initiatief van de beeldend kunstenaars Hardenberg, Roelofs, Van Hove en de Weissenbruchs opgericht in 1847. Men wilde beeldend kunstenaars de mogelijkheid bieden om te werken naar model. Bovendien wilden ze de belangen van de beeldende kunst bevorderen en van gedachten wisselen tijdens georganiseerde kunstbeschouwingen. Uit dit schilderkundig genootschap zou de Haagse School voortkomen. Denk aan schilders als Mesdag, Mauve, de gebroeders Maris en Jozef Israëls. Hun werk heeft een impressionistische inslag en wordt veelal gekenmerkt door grijzige tonen.

Koning Willem II werd de eerste beschermheer van Pulchri Studio. Hij was zelf een liefhebber van beeldende kunst en had een aanzienlijke kunstcollectie. Maar omdat de koning failliet ging, bleef zijn verzameling niet bij elkaar.
Het aantal leden groeide snel. Pulchri nam eerst haar intrek in het hoofdgebouw van het Hofje van Nieuwkoop. Later verhuisde men naar de Prinsengracht en tenslotte, rond 1900, vestigde het genootschap zich aan het Lange Voorhout.
Het pand, een voormalige patriciërswoning, werd opgekocht door

de niet onbemiddelde Hendrik Mesdag en zijn broer Taco Mesdag. Hendrik Mesdag was zelf ook schilder en bovendien voorzitter van Pulchri, Taco was de penningmeester. De gebroeders zorgden voor een verbouwing en uitbreiding zodat er voldoende expositieruimte was voor ledententoonstellingen. Hendrik Mesdag legde bij de verbouwing de eerste steen.
Het pand aan het Lange Voorhout nummer 15 is eigendom van de Stichting Monument. Het heeft rijk stucwerk uit de achttiende en negentiende eeuw en er zijn diverse stijlkamers en expositieruimtes. Eén ervan is de Louis Quinze-zaal; een monumentale balzaal waar kroonluchters en spiegels de sfeer bepalen.

Behalve tentoonstellingsruimtes heeft Pulchri voor haar leden ook een Sociëteit. De parterre van het oude voorhuis is tegenwoordig voor het publiek bestemd. En er is een binnentuin die dienst doet als horeca-terras.
Elke paar weken zijn er in de galerieruimtes nieuwe exposities te zien met werk van leden en niet-leden.

Plaats: Lange Voorhout 15

Pulchri Studio betekent 'de studie van het mooie'.

De Ridderzaal
HET BINNENHOF

Op het plein van het Binnenhof lijkt te tijd te hebben stilgestaan. Rondom liggen verschillende parlements- en regeringsgebouwen. Dominant is het gotische gebouw in het midden, met de twee torens, het voorportaal een het roosvenster. Dit gebouw werd voor het grootste deel in de 13de eeuw gebouwd, in opdracht van graaf Willem II en Floris V. Hier is de Ridderzaal met daarachter het eigenlijke jachtslot, dat de Rolzaal, de Kelderzaal, de De Lairessezaal, de Weeskamer en de Hogerbeetskamer herbergt. Maar de Ridderzaal trekt de meeste aandacht.

De houten kap van de Grote Zaal, zo werd de Ridderzaal tot in de 19de eeuw genoemd, gold in de dertiende eeuw als een technisch en architectonisch wonderstuk. De kap kreeg namelijk geen kolommen ter ondersteuning. Het ontwerp was geïnspireerd op de toen al beroemde hal van Westminster.

Oorspronkelijk was de Ridderzaal een feestzaal. Maar in de loop der tijd heeft het een heleboel andere functies gehad. In de 17de en 18de eeuw was het zelfs een loterijzaal.

In het midden van de 19de eeuw lag het hele gebouw met de Grafelijke zalen er vervallen bij. Dwars door de Grote Zaal lag een goot voor de afwatering. In 1860 besloot men het enorme houten dak van de grote Zaal af te breken, er kwam een stalen constructie met veel glas voor in de plaats. Twaalf jaar later werd het alweer vervangen door een replica van het originele houten dak uit de 13de eeuw. Pas in 1880 plaatste men het huidige voorportaal en de twee torenspitsen. Rond 1900 worden alle lage bouwsels verwijderd die ooit tegen de buitenmuren van het gebouw waren geplaatst. En ook de Ridderzaal zelf werd verbouwd en in de middeleeuwse staat hersteld. Hierna kreeg de zaal haar huidige bestemming als troonzaal. In 2006 was er een laatste renovatie.

Bij binnenkomst valt meteen de enorme houten kap op en de enorme schouw. En natuurlijk de glas-in-loodvensters met de wapens van de belangrijkste handelssteden van Nederland, de troon, de negentiende eeuwse wapenkleden en tekst op de schouw van artikel 1 van de Grondwet uit 1848.

Iedere derde dinsdag van september, op Prinsjesdag, komen de leden van de Eerste Kamer en de Tweede Kamer bijeen in de Ridderzaal. Dan leest het staatshoofd hier de troonrede voor met de nieuwe plannen van de regering.

Plaats: Voor rondleidingen: Hofweg 1.

Dat de Grote Zaal op Westminster Hall is geïnspireerd komt omdat de Hollandse graven in de dertiende eeuw nauwe banden hadden met Engeland. Men denkt zelfs dat de zaal betaald is met een som geld die Floris V uitbetaald kreeg omdat hij, ten gunste van de Engelse koning, afzag van een claim op de Schotse troon.

Rosarium
WESTBROEKPARK

Het Rosarium is het pronkstuk van het Westbroekpark, dat in 1925 werd aangelegd. In het Rosarium van het Westbroekpark loop je gewoon over het gras tussen de rozenbedden. Paadjes zijn er niet. In de rozenperken staan de nieuwste soorten rozen afkomstig van kwekers uit de hele wereld. Er zijn ongeveer 20.000 rozenstruiken en meer dan 350 verschillende rozen. Bovendien zijn er borders met meer dan 150 soorten planten en bloemen, allemaal voorzien van naambordjes. Dus wie ideeën wil opdoen voor de inrichting van de eigen tuin, neemt een notitieblokje mee.

Het rosarium, dat in 1961 werd aangelegd, geniet internationale faam onder kenners. Jaarlijks wordt hier namelijk het internationale rozenconcours gehouden. Ook in het Westbroekpark, aan de Haringkade, ligt tussen het groen de informele theeschenkerij De Waterkant. Het grasterras biedt een idyllisch uitzicht op het water, op de zwanen en op de roeibootjes die er worden verhuurd.
De theeschenkerij is ook te bereiken vanaf de Haringkade. Men moet dan wel met een handbedienbaar pontje het water oversteken. Ligt de pont niet aan de goede kant, dan kan men naar de overkant roepen. Op het grasterras is altijd wel iemand die de pont wil overtrekken. De theeschenkerij is overigens alleen in de zomermaanden open.

Hoofdingang: Kapelweg

Het park dankt zijn naam aan de ontwerper: Pieter Westbroek, in de twintiger jaren directeur van de Haagse Plantsoenendienst.

Russische kapel
DUINOORD

Tussen de woonpanden in de Obrechtstraat staat een kerkgebouw met op het dak een vergulde koepel met kruis. Dit is de Russisch-orthodoxe kerk van de Heilige Maria Magdalena.

De inrichting stamt uit de tijd van Anna Paulowna (1795-1895). Anna Paulowna was een Russische grootvorstin voor wie het geloof erg belangrijk was. Ze trouwde in 1816 met koning Willem II, waardoor ze Koningin der Nederlanden werd. Overigens, ook Napoleon dong naar Anna's hand, maar zij wilde hem beslist niet. Het feit dat Anna haar eigen geloof wilde houden was een groot punt in de maandenlange onderhandelingen. Willem II was echter een goede vriend van Anna's broer, de Russische tsaar, en dat hielp.

De kostbare bruidschat die Anna Paulowna van haar broer, tsaar Alexander I ontving, omvatte onder andere een schitterend reisaltaar van het Russische leger, iconen, gouden en zilveren miskelken, een complete religieuze bibliotheek, een rijk gedecoreerde garderobe voor de priester en een Farbergé ei.
Deze bruidschat moest ervoor zorgen dat Anna Paulowna op waardige wijze kon leven in haar nieuwe vaderland, maar diende ook om de macht van de tsaren en het Russische rijk uit te dragen. Anna Paulowna liet in al haar paleizen een kapel inrichten. Zo ook in het paleis Kneuterdijk. In paleis Soestdijk had de hofkapel een plek in een paviljoen in het park.

Na de dood van Koning Willem II vestigde Anna zich op paleis Buitenrust, op het landgoed Sorgvliet. In het ernaast gelegen huis Rustenburg richtte ze een kapel in. Op die plek werd later het Vredespaleis gebouwd.
Anna Paulowna wilde dat de religieuze objecten na haar dood bij elkaar zouden blijven voor de uitoefening van heilige rituelen tijdens de Russisch-orthodoxe dienst. Na allerlei omzwervingen kwam de inrichting van haar hofkapel, met meer dan 200 stukken, uiteindelijk terecht in het kerkgebouwtje dat 1937 in de Obrechtstraat werd gebouwd.

Eke zaterdag en zondag vindt er in de kerk een dienst plaats. Op afspraak kan de kerk ook buiten diensttijden worden bezocht.

Plaats: Obrechtstraat 9

Na het overlijden van Willem II kwamen diens enorme schulden aan het licht en raakte Anna Paulowna in financiële problemen. Daarom verkocht ze een aantal topschilderijen van haar overleden man aan de Russische Tsaar. Deze werken, waaronder verschillende Rembrandts, zijn nog steeds te zien in de Hermitage in Leningrad.

Schuilkerk
CENTRUM

In de zestiende eeuw werd het protestantisme de staatsgodsdienst, althans in de gebieden en steden die op de katholieke Spanjaarden waren veroverd. De grote leider Willem van Oranje was redelijk liberaal: iedereen mocht geloven wat hij wilde, maar katholieke diensten werden evengoed verboden en veel katholieke kerkgebouwen werden protestant. Katholieke kerkschatten werden in beslag genomen om de oorlog tegen de Spanjaarden te bekostigen. Katholieken waren dan ook genoodzaakt om hun godsdienstige bijeenkomsten in het geheim te houden. Vaak gebeurde dat in pakhuizen of op het platteland in schuren: de zogenoemde schuilkerken.

Op de zolder in het huis van een pastoor aan de Juffrouw Idastraat was zo'n schuilkerk. De samenleving werd op den duur echter steeds toleranter en toen de zolderkerk bouwvallig werd, kregen de katholieken van de zolderkerk zelfs toestemming om een betere schuilkerk te bouwen. Daar moesten ze dan wel fors voor betalen en bovendien mocht deze kerk vanaf de straat absoluut niet zichtbaar zijn. De deur mocht niet aan de openbare weg liggen en klokgelui was al helemaal verboden.

Op 20 december 1722 kon pastoor Van Dalenoort zijn eerste dienst houden in de kerk die verborgen was gebouwd tussen de huizen van de Juffrouw Idastraat en de Molenstraat. In de jaren daarna werd er verder gewerkt aan het interieur en het meubilair van de kerk. Dit was mogelijk door de bijdrage van parochianen. En ook de 'Klopjes' droegen hun steentjes bij. Klopjes zijn ongehuwde vrouwen die onder de geestelijke leiding van de pastoor een vroom leven leidden in dienst van de kerk.

Het duurde tot 1795 voor de katholieken gelijke rechten kregen.
De schuilkerk is bereikbaar via een gang vanaf de Juffrouw Idastraat. Na een paar dubbele deuren stapt de bezoeker een overweldigende, lichte barokke ruimte binnen. De kerk wordt aan twee kanten door ramen verlicht. Een koofplafond met rijk stucwerk overwelft de ruimte. Het altaar en de spreekstoel domineren.

In de kerk worden nog altijd diensten opgedragen door de parochie van de heilige Jacobus en Augustinus. Bovendien worden er rondleidingen door het kerkcomplex georganiseerd.
De toegangsdeur naar de kerk aan de Juffrouw Idastraat is op nummer 7. Op Juffrouw Idastraat 13 bevindt zich de Zolderkapel.

Rondleidingen vanuit de Molenstraat 44.

Na verloop van tijd werd men wat toleranter tegenover katholieken en konden ze ook aan het Westeinde de kapel bij het Spaanse Hof bezoeken.

Slachthuis
LAAKHAVEN

Zo'n honderd jaar geleden was de Laakhaven nog een zeer succesvolle binnenhaven, die in verbinding stond met andere belangrijke havens in de provincie. De havenarbeiders woonden hier in kleine huizen rond de haven. Ook rond het slachthuisterrein, dat op de

plek van het huidige stadsdeelkantoor lag, stonden arbeiderswoningen.
Van het slachthuiscomplex resten alleen nog twee poortgebouwen aan de Slachthuisstraat. Ze staan ter weerszijde van een ijzeren hek, dat van 1911 tot 1985 toegang gaf tot het zeven hectaren grote slachthuisterrein.
Sommige oudere bewoners van het Laakhavenkwartier zullen zich het angstige geloei van de koeien en het gekrijs van de paniekerige varkens achter de stenen muur van het terrein nog kunnen herinneren.

In het slachthuisbedrijf werd niet alleen geslacht en mest en dierlijk afval verwerkt, er was ook een koelhuis, waar de slagers hun vlees voor een bepaalde tijd konden bewaren.
Een deel van de koeling in het koelhuis werd bovendien verhuurd voor de bewaring van fruit, groente, bloemen en zuivelproducten. De IJsfabriek leverde ijs aan slagers uit Den Haag en omgeving, die er hun vleesproducten mee koelden.
In de organisatie van het slachthuis zat ook de Keuringsdienst voor slachtdieren. Ze keurden het slachthuis en de particuliere bedrijven die gevestigd waren op het terrein. Maar ze voerden ook inspecties uit buiten het terrein. Bijvoorbeeld bij de Haagse slagerijen, supermarkten, kruideniers, vleeswarenfabrieken, horecabedrijven en zelfs dierenwinkels.

In de loop van de afgelopen honderd jaar werden de schepen groter en namen vrachtwagens veelal het vervoer over. De Laakhaven verloor haar importantie, maar nog altijd is het een gebied waar veel bedrijven gevestigd zijn.
De voormalige poortgebouwen van het slachthuiscomplex zijn door Stadsherstel verbouwd tot wooneenheden voor studenten.

Plaats: Hoek Neherkade en Slachthuisstraat

De bouwstijl van de oranjeachtige poortgebouwen, - architect was A. A. Schadee - doet denken aan Berlage en aan de Art Nouveau. Dit wordt ook wel 'overgangsarchitectuur' genoemd.

De Snoeptrommel
CENTRUM

In 1972 werd er op de Dagelijkse Groenmarkt een nieuwe, betonnen raadzaal gebouwd, waarvan het ontwerp sterk detoneerde met de omliggende oude panden. Het gebouw heeft er dan ook niet langer dan 30 jaar gestaan. Toen het nieuwe stadhuis, op de hoek van het Spui en de Kalvermarkt, gereed kwam, werd de raadzaal buiten gebruik gesteld. Het gemeentebestuur besloot om de betonnen kolos te slopen. Men wilde er een nieuw gebouw neerzetten dat de oorspronkelijke structuur van de Dagelijkse Groenmarkt zou herstellen.

De Britse architect John Outram ontwierp de nieuwbouw die in 1998 gereed kwam. Het opvallende gebouw is in alles een tegenhanger van het gesloopte, hoekige, sombere pand. Het kreeg een ronde kop op de hoek van de Groenmarkt en de Grote Halstraat. De kop volgt de rooilijn van de bebouwing zoals die eeuwen lang, tot 1972, was geweest.

Deze uitbundige, oriëntaals aandoende 'snoeptrommel' heeft enorm kleurrijk betegelde zuilen met fantasiekapitelen en een groen dak. Binnen valt de mooie koepel met glas-in-lood meteen op. In de Snoeptrommel is een winkel gevestigd.

Plaats: Dagelijkse Groenmarkt

Op de Groenmarkt handelde men in groenten. Vlakbij was ook de Riviervismarkt. De naam Halstraat verwijst naar de Vleeshal, die in de voormalige St. Nicolaaskapel was gevestigd, precies op de plaats van de snoeptrommel.

Het Spaansche hof
CENTRUM

Het huis van Gerrit van Assendelft, raadsman van Karel de Stoute en Keizer Maximiliaan, lag aan het begin van de 15de eeuw aan de rand van het dorp Die Haghe, daar waar nu het Westeinde is.
Het werd in 1653 nog een tijdje verhuurd aan Johan de Witt en in 1677 werd het gekocht door het Spaanse gezantschap. Het huis werd dus een ambassade. De Spanjaarden verbouwden het in 1754 tot een echt stadspaleis, maar de funderingen van het huis van Assendelft bleven staan.
Behalve het huis was er ook een kapel. Dat kwam goed uit, want voor katholieken was het tot 1795 verboden om hun godsdienst uit te oefenen. Maar de kapel op de grond van de Spaanse ambassade was diplomatiek terrein en men was er onschendbaar. Niet alleen het Spaans Gezantschap, maar ook katholieke Hagenaars konden er in vrijheid de katholieke mis bijwonen.
Toen het hof begin negentiende eeuw aan de Jezuïeten werd geschonken, bouwde men op de plek van de oude kapel een nieuwe kerk. De Heilige Teresia van Avillakerk werd ontworpen door de Brusselse architect T.F. Suys, hofarchitect van de Belgische koning Leopold. De kerk in neoclassistische en neobarokke stijl kon in 1841 in gebruik worden genomen.
Tussen 1862 en 1981 resideerde in het hof de Engelse ambassadeur.

Er is een vreemd verhaal verbonden aan deze locatie. In 1653 huurde Johan de Witt het voormalige huis van Assendelft aan het Westeinde. Maar zijn zus waarschuwde hem; vanwege een spook dat er huisde, wilde geen dienstbode er werken. Zelf had zij ook eigenaardige verschijnselen waargenomen. Iets of iemand trok midden in de nacht de dekens van haar bed en ze hoorde het ruisen van een japon terwijl er niemand te zien was. Johan de Wit koos eieren voor zijn geld, hij huurde een andere woonplek in Den Haag.
Door de eeuwen heen bleven bewoners en bezoekers last van het spook houden. De Engelse ambassadeur meldde in de twintigste eeuw nog dat hij klopgeesten in het huis hoorde. Hij maakte mee dat deuren vanzelf open en dicht gingen, de inhoud van laden werd

op de grond gesmeten en kranen stonden ineens open. Zijn zoon ontmoette midden in de nacht op de gang zelfs een dame die haar gelaat bedekte. In de twintigste eeuw, toen het Spaanse Hof grondig werd opgeknapt door een nieuwe eigenaar, waren er maar liefst vier mannen nodig om een grote, loodzware spiegel op te hangen aan een paar stevige bouten in de muur. Nadat deze klus was geklaard en iedereen was vertrokken, werd de buitendeur op slot gedraaid en het alarm ingesteld. De volgende dag, toen de eigenaar als eerste het pand inging, kreeg hij de schrik van zijn leven. De spiegel bleek, volkomen intact, in de hoek van het vertrek te staan. Het alarm was die nacht niet afgegaan. Was dit ook het werk van een geest?

Volgens sommigen heeft het Spaanse Hof inderdaad een geest, het zou gaan om de echtgenote van Gerrit van Assendelft: Catharina van Assendelft. Catharina woonde niet aan het Westeinde maar leefde gescheiden van Gerrit. Ondanks de ruime toelage die ze van hem ontving, had ze meer geld nodig en ging ze zich bezig houden met valsemunterij. Al snel liep Catharina tegen de lamp en werd ze veroordeeld tot de doodstraf. Op 11 april 1541 werd zij in de Gevangenpoort op de pijnbank vastgebonden. Ze kreeg een grote trechter in haar mond geduwd die net zolang vol water werd gegoten tot ze overleed.

Het historische stadspaleis met de besloten binnentuin is volledig in oude staat gerestaureerd en de verschillende, vorstelijke zalen en salons kunnen worden afgehuurd voor feesten en bijeenkomsten. De Heilige Theresia van Avillakerk is vanaf het Westeinde niet zichtbaar, maar de kerktoren is in de wijde omtrek herkenbaar.

Plaats: Westeinde 12.

Gerrit van Assendelft was een van de belangrijkste ambtenaren van Holland: hij was 'raadsheer presideerende', dus een soort voorzitter van het college van bestuur. Hoewel hij goede vrienden was met landvoogdes Margaretha van Parma en met Philips II, is hij meermalen beschuldigd van ketterij door zijn politieke tegenstanders.

Stadsbalkon
HET STRIJKIJZER

In de skyline van Den Haag is het Strijkijzer makkelijk herkenbaar. De bovenkant van het gebouw doet inderdaad enigszins aan een strijkijzer denken. Deze nog nieuwe Haagse Toren is 132 meter hoog en telt 42 verdiepingen. Het gebouw beschikt over verschillende liften, maar de meest spectaculaire is de panoramalift. Deze gaat naar de 41ste verdieping, naar het Stadsbalkon achter glas.

Op de 42ste verdieping is bovendien een buitenbalkon met een omloop. Dit panoramaterras biedt een fantastisch uitzicht over Den Haag. Bij helder weer is de Noordzee te zien en zelfs Katwijk en Leiden. Voor de panoramalift naar het Stadsbalkon moet een ticket worden gekocht.
De topconstructie van Het Strijkijzer produceerde aanvankelijk nogal wat geluidsoverlast. Bij teveel wind ontstond er een harde fluittoon. Een euvel waar ook hoogbouw als de Hoftoren en de Prinsenhof mee te kampen hadden. De overlast kon worden opgelost door het plaatsen van doorzichtige platen aan de kroon van het gebouw. Aan de noordoostkant van het gebouw hangt een enorm ledscherm van 19 meter breed en 14 meter hoog, het is het grootste uit de regio.

In het gebouw wordt gewoond en gewerkt en er is horeca. Op de bovenste etage is een restaurant. Het Strijkijzer werd gebouwd door de architect Bontebal.

Plaats: Rijswijkseplein 786

In het Strijkijzer zijn 300 woonstudio's.

De 's Gravenhaagse Stadsrijschool
CENTRUM

Aan de Bibliotheekstraat, een klein zijstraatje van de Kazernestraat, staat een rijschool die stamt uit het begin van de negentiende eeuw. Niet helemaal duidelijk is of de rijschool in 1806 werd gesticht door Lodewijk Napoleon, of dat de school na diens vertrek in 1813 werd opgericht door koning Willem I. Feit is dat de 's Graavenhaagse Stadsrijschool de eerste burgerrijschool van Nederland was. Tot dan toe waren rijscholen uitsluitend bedoeld voor militairen.

Lodewijk Napoleon liet aan het begin van de 19de eeuw in de grote tuin achter Huis Huguetan aan het Lange Voorhout 34 een manege bouwen. Na het vertrek van de Fransen komt Koning Willem I in 1813 terug en neemt zijn intrek in Huis Huguetan. Bekend is dat dan de burgerrijschool volop gebruik maakte van de manege in de grote tuin achter het huis. Bovendien gebruikten de Oranjes de stallen voor hun koetsen.
De gemeente kocht in 1822 de grond achter het Huis Huguetan, maar de Oranjes bleven er hun koetsen stallen. Pas als de gemeente in 1876 de Koninklijk Stallen laat bouwen, vertrekken de koetsen van het terrein bij de Kazernestraat. Later werden er nieuwe stallen en koetshuizen aangebouwd op het terrein achter Huis Huguetan.

Tegenwoordig is de 's Graavenhaagse Stadsrijschool een monument. In 1982 en opnieuw in 2009 werd het pand grondig gerestaureerd en teruggebracht in de stijl van de 19de eeuw. Het oudste deel, het voorgebouw, stamt uit de 18de eeuw. De metalen dakconstructie - de nok is 14 meter hoog - werd in 1884 gemaakt door de Haagse firma Enthoven. De beroemdste leerling van de 's Graavenhaagse Stadsrijschool was de legerofficier Charles Pahud de Mortanges. De luitenant-generaal veroverde tijdens vier Olympische spelen vier keer goud en één keer zilver.

Het Huis Huguetan werd in 1743 gebouwd naar een ontwerp van Daniël Marot. De steenrijke bankiersdochter Adriane Margaretha

Huguetan ging in dit schitterende stadsplaleis wonen. Na haar overlijden werd het huis gekocht door de buurman, baron Van Tuyll. Hij was eigenaar van twee panden naast Huis Huguetan en hij liet Pieter de Swart in 1761 een gevel voor de drie huizen maken. Hiervoor moest er tussen de gevel een ruimte worden opgevuld met een deur naar het souterrain. Men noemt dit wel het smalste huis van Den Haag, maar het hoort gewoon bij Huis Huguetan.

Plaats: Bibliotheekstraat 2

Den Haag heeft naar men zegt Nederlands smalste huis (op het Voorhout), de langste straat (de Laan van Meerdervoort) en de mooiste laan (het Lange Voorhout); de Bibliotheekstraat schijnt de kortste straat te zijn.

Stoomtrein ZUIDERPARK

Het allerleukste in het Zuiderpark is misschien toch wel het stoomtreintje. Het stationnetje bevindt zich aan de Mr. P. Droogleever Fortuynweg in het park. Daar vertrekt regelmatig de kleine stoomtrein volgeladen met kinderen. En volwassenen. De stoomlocomotief trekt puffend en fluitend de wagons het station uit, het park in. De bellen rinkelen, stoom blaast, spoorbomen sluiten. Een ritje over de 1350 meter spoorlijn duurt ongeveer 12 minuten, inclusief een rondje om de vijver.

Terug in het station is te zien hoe de machinist het vuur in de locomotief onderhoudt, water inneemt, smeert en poetst.
De locomotieven, wagons, de rails, wissels, armseinen, het station en de seinhuizen worden allemaal gemaakt en onderhouden door vrijwilligers van de Stoomgroep West Zuiderpark.

De spoorbaan is ontstaan op initiatief van een groep liefhebbers, maar is mede mogelijk gemaakt door een aantal Haagse bedrijven, waaronder bijvoorbeeld wegenbouwer BAM/NBM aan de Zonweg, die hun faciliteiten aan de hobbyisten beschikbaar stelden om al het materieel te maken. In 1975 werd de baan gerealiseerd en sindsdien hebben vele Hagenaars een ritje gemaakt.

Plaats: Mr. P. Droogleever Fortuynweg 50

Ook de gemeente, in de persoon van de legendarische wethouder Piet Vink, leverde een belangrijke bijdrage.

Sunny Court
DUINOORD

Sunny Court is een verscholen stadstuin, niet groter dan 3.000 vierkante meter. Het terreintje ligt ingesloten tussen de bebouwing van de Laan van Meerdervoort, de Reinkenstraat, de Obrechtstraat en de Koningin Emmakade.

In het begin van de twintigste eeuw lag over deze plek het spoor van een stoomtram. Die kwam van het Hollands Spoor en reed achter de huizen van de Laan van Meerdervoort langs. Later werd het spoor voor de elektrische tram over de Laan van Meerdervoort gelegd. Na de Tweede Wereldoorlog lag er op het terrein een tennispark. In de winter werd het weleens onder water gezet zodat er geschaatst kon worden. Sinds 1977 is het een populair parkje. Het ligt beschut en is een oase van groen met oude bomen, bankjes, en een speeltuin.

Sunny Court wordt beheerd door vrijwilligers uit de buurt, die het groen onderhouden en dagelijks het park openen en sluiten. Hoogtepunt van het jaar is het zomerse Sunny Court Festival.

Plaats: Laan van Meerdervoort 189b, de ingang is tussen de huizen aan de inham.

Onderbrekingen in het huizenplan, van de zijstraten achter de Laan van Meerdervoort, geven nog steeds aan waar het traject van de stoomtram liep.

Sweelinckplein
DUINOORD

Midden in de wijk Duinoord ligt het Sweelinckplein. Het plein zelf is een ovaalvormig plantsoen dat bestaat uit twee delen. Toen het werd aangelegd liep de brede Afzandingsvaart er nog dwars doorheen, met aan weerszijden de Koningin Emmakade en de Waldeckpyrmondkade. Het oostelijk deel van het plein werd aangelegd in 1895, het westelijk deel een jaar later. In de monumentale huizen, gebouwd in neo-renaissancestijl, gingen veelal vermogende repatrianten uit het toenmalige Nederlands - Indië wonen.

De Afzandingsvaart werd in 1959 gedempt en daarmee verdween ook de mooie Sweelinckbrug. Nu ligt er tussen de twee kades een trambaan. Aan de huizen en het plantsoen lijkt na al die jaren nog helemaal niets veranderd. Volgens velen is dit het mooiste plein van Den Haag.

Desondanks had een verzekeringsmaatschappij eind jaren zeventig van de vorige eeuw vergaande plannen om een groot deel van het plein te slopen zodat er een groot kantoorgebouw kon worden neergezet. De bewoners van het plein konden daar gelukkig succesvol een stokje voor steken: álle statige negentiende eeuwse panden aan het plein werden Rijksmonumenten.

Plaats: Sweelinckplein

Het plein, en de 1e en 2e Sweelinckstraat, zijn vernoemd naar de Haagse componist en organist Pietszoon Jan Sweelinck (1562-1621), de enige componist met wereldfaam die Nederland ooit gehad heeft.

't Goude Hooft
CENTRUM

De geschiedenis 't Goude Hooft voert terug naar 1423, naar de tijd waarin er op het plein voor de herberg markten werden gehouden. Althans: dan wordt de herberg voor het eerst met name genoemd.
Mensen die de markt hadden bezocht, aten en sliepen in de herberg. Ridders hielden er hun vergaderingen. Door de eeuwen heen was de herberg een ontmoetingsplaats, er werden plannen gesmeed, coupes en executies beraamd en feesten gevierd. Maar ook al is 't Goude Hooft de oudste herberg van Den Haag, geen enkele steen van het huidige pand stamt uit de 15de eeuw.

In 1660 werd de herberg herbouwd door Pieter Post. Ook daarna werd er nog diverse keren verbouwd. In 1930 was het pand in zo'n slechte staat dat de nieuwe eigenaar - bierbrouwer Heineken - besloot om het in zijn geheel te slopen en te herbouwen.

In het restaurant is nog een wandschildering uit de jaren dertig van de vorige eeuw te zien. Rechtsboven is de nagemaakte handtekening van de 17de eeuwse architect Pieter Post zichtbaar.
In 2012 kwam er een nieuwe eigenaar en werd er grondig gerenoveerd. In de eeuwenoude kelderruimte, waar oorspronkelijk cellen waren, als een soort filiaal van de Gevangenpoort, is nu een feestzaal. Op de tweede en derde etage kan weer een hotelkamer worden gehuurd.

Plaats: Dagelijkse Groenmarkt 13

Onder 't het Goude Hooft is nu een hypermoderne feestzaal, Club 1660, genoemd naar het jaar dat Pieter Post de herbouw voltooide.

Telefooncel
BUITENHOF

In 1883, toen de eerste stappen werden gezet naar een nationaal telefoonnet, had Den Haag nog maar drie telefoonaansluitingen. Het netwerk breidde zich weliswaar langzaam uit, maar de meeste mensen telefoneerden aanvankelijk op stations, postkantoren, of in een café. In Den Haag waren er bovendien 30 publieke aansluitingen in de krantenkiosken van de Haagse Kiosk-Onderneming. Maar die waren 's avonds en 's nachts gesloten.

In de jaren dertig van de vorige eeuw verschenen de straatcellen in Den Haag. Het eerste model was niet echt geriefelijk. Het onderste deel was open, de cellen werden dan ook 'kouwebenencellen' genoemd. Bovendien hadden ze twee lastige klapdeurtjes, die tegelijk moesten worden geopend om binnen te komen. Er stonden 130 van deze primitieve celen in de stad.

Pas na de Tweede Wereldoorlog werd de kouwenbenencel geleidelijk vervangen door het rijksmodel: een strak vormgegeven gesloten telefooncel van grijs staal en glas met een zeer duidelijke belettering. Deze telefooncel werd al in de jaren dertig ontworpen door het architectenbureau Brinkman en Van der Vlugt, die toen ook het Van Nelle-gebouw in Rotterdam ontwierpen, wat in die tijd nogal spraakmakende industriële vormgeving was. Halverwege de jaren tachtig verving de PTT de grijze telefooncellen voor groene exemplaren. Alarm-brand-politiecellen werden al in 1925 in de stad geïntroduceerd. Voor de oorlog stonden er 157 van deze cellen in Den Haag. In geval van brand of onheil kon het publiek in de cel snel de politie alarmeren. Bovendien konden agenten door middel van de alarmcel worden opgeroepen. In de cel was een schijf met rode en witte vlakken. Stond deze schijf op rood, dan wisten agenten dat ze contact moesten opnemen met het politiebureau.

Van de originele cel van Brinkman en Van der Vlugt zijn er nog maar twee: een brand-alarm-politiecel en een 'gewone' telefooncel. Deze staan aan de Hofweg, naast de Stadhouderspoort; het zijn industriële monumenten. Bovendien hebben ze zeldzaamheidswaarde; alleen in Rotterdam is er nog één te vinden, maar die staat in het museum Boijmans Van Beuningen.

Plaats: Buitenhof

Nu vrijwel iedereen een mobiele telefoon heeft en agenten beschikken over mobilofoons, zijn de alarmcellen overbodig geworden. Net als de gewone telefooncellen.

De Tempel
ZEEHELDENKWARTIER

Vlak bij het Prins Hendrikplein staat een monumentaal vrijstaand pand dat bekend is als De Tempel.

De voormalige bank werd gebouwd in 1911 in de zogeheten Um-1800-stijl. Die stijl wordt gekenmerkt door het nogal massaal gebruik van natuursteen. Er is een fraai daglicht bovenin met glas-in-lood en er zijn allerlei gebeeldhouwde details van de hand van Jan Altorf.

Het gebouw heeft een aantal jaren gefunctioneerd als een tehuis voor geestelijk gestoorde dames, en in de jaren negentig van de vorige eeuw werd het een roemruchte, alternatieve door Haagse Bhagwan-aanhangers gestarte discotheek. Uit die tijd stamt de naam De Tempel.

Op dit moment is de archeologische dienst van de gemeente Den Haag er gevestigd. De archeologische dienst doet veel onderzoeken bij nieuw- en herbouwplannen in Den Haag, en is ook verantwoordelijk voor wetenschappelijk onderzoek en de presentatie van vondsten.

Plaats: Van Kinsbergenstraat 85f

In 1980 organiseerden bewoners rond het Prins Hendrikplein een eerste buurtfeestje, dat inmiddels is uitgegroeid tot een vijfdaags zomerfestival.

Ter Navolging
SCHEVENINGEN

Dicht bij de hoek van de Duinstraat, schuin tegenover het Appeltheater, staat tussen de huizen een zwart hek met vergulde letters: Ter Navolging. Achter het hek loop een schelpenpad omhoog naar een tweede hek. Daarachter ligt een kleine begraafplaats, een onverwachte oase van rust binnen de drukke stad.

In 1870, toen de begraafplaats op de afgevlakte duintop werd aangelegd, lag het nog ver buiten de bebouwde kom. In Nederland was het de allereerste begraafplaats die buiten de stad werd aangelegd. Het grafveld doet een beetje denken aan een kerkvloer, platliggende zerken met een klinkerpad ertussen. Aan de muren hangen epitafen ter herinnering aan degenen die hier ooit werden begraven. Er is een ommuurd deel, afgesloten met een hek, waarachter de familiegraven liggen.

Tot in de achttiende eeuw was het de gewoonte om overledenen in en om de kerk te begraven. Wie genoeg geld had, kreeg een plekje binnen de kerkmuren. Deze graven konden een flinke stank veroorzaken, vandaar de term 'rijke stinkerds'. Pestepidemieën, overvolle kerkhoven en andere onhygiënische toestanden leidden tot steeds meer weerstand om binnen de leefgemeenschap te begraven.

Abraham Perrenot (1726-1784), een Hagenaar van Zwitserse komaf die aan Stadhouderlijk hof was verbonden, nam het initiatief tot de oprichting van Ter Navolging. Met de naamgeving hoopte hij dat zijn voorbeeld zou worden gevolgd.
Zelf werd hij er in 1784 begraven. Op zijn zerk kwam een Latijnse tekst die in Nederlandse vertaling ongeveer luidt: 'Mijn rottende

overblijfselen moeten ver van de stad liggen; daar ik bij leven vermeed iemand te benadelen, wens ik zulks ook na mijn dood te doen'.
Op de begraafplaats vonden verschillende prominenten een laatste rustplaats, waaronder Betje Wolf, Aagje Deken en de antirevolutionaire leidsman Groen van Prinsterer.
Tot op heden is de kleine, particuliere begraafplaats nog altijd in gebruik.

Plaats: Hoek Duinstraat, Scheveningseweg.

Lopend rond het ommuurde gedeelte op de begraafplaats, heeft men onder andere zicht op een uniek pand, de voormalige ambachtschool. Dit is een van de belangrijkste ontwerpen van de beroemde architect Jan Duiker.

Tolhuis
SCHEVENINGSEWEG

Het kleine, witte tolhuis tegenover het Vredespaleis herinnert ons aan het feit dat reizigers in vroegere tijden op deze plek tol betaalden om op comfortabele wijze via de Scheveningseweg van Den Haag naar de kust te gaan. Alleen de Scheveningse vissersvrouwen hoefden geen tol te betalen.
Voor hen was de opening van Scheveningseweg in 1665 een zegen. Ook al klaagden zij dat de zolen van hun schoeisel sneller sleten op de verharde weg dan op het zand, ze hoefden in ieder geval niet langer met hun loodzware vismanden via duinpaadjes naar de markt in Den Haag. En de nieuwe weg was bovendien een stuk veiliger.

De aanleg van de Scheveningseweg, naar een ontwerp van Constantijn Huygens, was een gewaagde onderneming. Men moest immers dwars door de hoge barrière van de duinen die Den Haag van Scheveningen scheidden. Het werd de eerste verharde weg in ons land. Voor de bestrating werden 4.000.000 gebakken stenen

of klinkers gebruikt. Er kwamen aparte banen voor het verkeer in beide richtingen. De weg zelf werd bijna 8 meter breed. Aan weerskanten legde men een twee meter hoge dijk aan waarop doornhagen werden gepland. Die dienden om het opstuivende duinzand tegen te houden. Bovendien kwamen er bomen langs de weg.
De konijnen deden zich na de aanleg meteen tegoed aan de beplanting, en dus werden de dieren in dit duingebied zoveel mogelijk uitgeroeid. Men plaatste nog meer boomsoorten langs Scheveningseweg en de beplanting kon zich zonder konijnen verder uitbreiden. Een eeuw later had het duinlandschap rond de weg al een bosachtig aanzien gekregen; het was het begin van de Scheveningse bosjes.

Om de aanleg van de dure Scheveningseweg te kunnen bekostigen, werd er besloten om tol te heffen. Daarvoor kwam er een afsluitbare houten hek aan het begin van de weg. Dit hek werd in de achttiende eeuw vervangen voor de Huygenspoort met de gietijzeren hekken.

Die tolheffing was niet helemaal redelijk geregeld. Vanwege hun afhankelijkheid van de weg waren de Scheveningers dan wel vrijgesteld van tolbetaling, maar een arts die soms een paar keer per dag gebruik moest maken van de weg om zijn patiënten te bezoeken, kreeg geen ontheffing.
De Scheveningseweg werd een groot succes en de populariteit van Scheveningen groeide. Zo werd het bijvoorbeeld in de loop van de zeventiende eeuw voor aanzienlijke families en gegoede burgers gebruikelijk om een huwelijk in de kerk van Scheveningen in te laten zegenen.

In de achttiende eeuw stonden er bij mooi weer op zon- en feestdagen regelmatig reizigers uit heel het land in de file te wachten bij het tolhek voor een dagje aan de kust. Dan konden de tollenaar en zijn knecht de toeloop nauwelijks aan. In 1832 werden er op een mooie dag zelfs drie man en een korporaal infanterie neergezet om de orde te handhaven.
Langs de Scheveningseweg kwamen allerlei uitspanningen en in Scheveningen zelf nam het aantal herbergen toe en deden eet- en drinkgelegenheden steeds betere zaken.

Bij de uitbreiding van Den Haag kwamen er meer doorgaande wegen naar Scheveningen. Het werd ingewikkeld om voor al die routes tol te heffen. Uiteindelijk werd de tolheffing voor de Scheveningseweg in 1888 opgeheven. De Huygenspoort was voor het toenemende verkeer een obstakel. Toen in 1921 een vrachtauto één van de pijlers ramde, besloot de gemeente om de poort te verplaatsen.

Plaats: Scheveningseweg 190

De fraaie Huygenspoort heeft nu een plek aan de Kerkhoflaan, tegenover de begraafplaats, en geeft toegang tot de Scheveningse Bosjes.

De Haagse toren
GROTE KERK

De Grote of St. Jacobskerk met haar toren is eeuwenlang een vast herkenningspunt geweest voor reizigers die naar Den Haag kwamen. De toren had bovendien een uitkijkfunctie; vanaf de top kon men gevaar tijdig signaleren. Dat was niet overbodig voor een stad zonder vestingwerken. Bovendien diende de toren als brandweerpost. Torenwachters dienden ieder half uur 'hoog van de toren te blazen' als teken dat ze niet in slaap waren gevallen.

Al in de dertiende eeuw stond er op de plek van de Grote Kerk een houten kapel, gewijd aan St. Jacobus de Meerdere. Toen de Haagse bevolking groeide, verving men in de veertiende eeuw de kapel voor een stenen kerk. Een eeuw later volgde een uitbreiding en werd ook de unieke zeskantige toren aangebouwd. Daarin hingen toen al luidklokken. Bovendien waren er enkele kleine klokjes die voor ieder uurslag een melodietje speelden.

Na de brand van 1539 werden de zwaar beschadigde kerk en toren in dezelfde vorm hersteld. De toren kreeg toen wel een nieuwe spits in renaissancestijl. Er kwam een grote klok van 6000 kilo in te hangen die bij onraad kon waarschuwen. Deze klok heeft aan drie kanten de afbeelding van het Haagse wapen en de ooievaar. Het aantal kleinere klokken groeide in de loop der tijd uit tot een carillon van 51 klokken, waarvan er 47, goed zichtbaar, in de spits hangen. De Haagse Toren heeft aan alle zes de zijden een wijzerplaat. Dit was van oorsprong niet zo. De bewoners aan de Boekhorststraat deden in 1647 het verzoek om voor hun rekening ook aan hun zijde een wijzerplaat aan te brengen. Die wijzerplaten gaven in de zeventiende eeuw overigens alleen nog de hele uren aan. Pas in de negentiende eeuw kwamen de minutenwijzers.

De toren kreeg in haar geschiedenis een paar maal een nieuwe spits. De huidige torenspits werd in de jaren vijftig van de vorige eeuw geplaatst. De voorganger was namelijk te zwaar en veroorzaakte scheuren in de toren. De lichtere, houten spits werd met koper gedekt en ontworpen aan de hand van oude tekeningen.

Tijdens de Tweede Wereldoorlog eisten de Duitsers de klokken van de Haagse Toren op. Voordat de klokken werden opgehaald, versmalde men met balken de toreningang waardoor de grote klok niet meer door de deuropening paste. Zodoende werden alleen de kleinere klokken meegenomen, die overigens na de oorlog weer ongeschonden terugkeerden uit Duitsland.

De grote klok met het wapen luidt nog altijd ieder uur. Bovendien speelt het automatische carillon dagelijks melodieën. Dat gebeurt met behulp van een reusachtige speeldoos, die bestaat uit een ijzeren trommel uit de 17de eeuw. De cylinder heeft een diameter van 1.90 meter, is ongeveer een meter breed en telt bijna 14.000 gaten. Daarin kunnen verplaatsbare pennen worden gestoken, die tijdens het draaien van de trommel een mechaniek in werking brengen waarmee de hamers worden opgelicht. De klokken worden aangeslagen door de terugvallende hamers.

Eens in de vier maanden worden er nieuwe melodieën gemaakt. Daarvoor moeten de honderden pennen in de trommel in andere gaten worden geplaatst. Een klus die wel een dag of drie duurt. Het carillon wordt ook iedere maandag, woensdag en vrijdag tussen 12.00 en 13.00 uur bespeeld door de stadsbeijaardier.

De Grote Kerk is in de 19de en 20ste eeuw enkele malen gerestaureerd. Het gebouw heeft een aantal bijzondere bezienswaardigheden, waaronder de wapenschilden van de ridders van het Gulden Vlies, een imposant monument in het koor en een zeldzaam kabinetorgel.
Het kerkgebouw wordt tegenwoordig gebruikt voor allerlei activiteiten, zoals beurzen, tentoonstellingen en toeristische bezoek.

Plaats: Rond de Grote Kerk 12

Na de brand in 1593 in de Grote Kerk kwam Karel de Vijfde, die toch in Den Haag was, kijken en schonk een groot bedrag. Daarmee werden onder andere de gebroeders Crabeth, de wereldberoemde Goudse glazeniers, ingehuurd om de glas-in-loodramen te herstellen. Twee van hun gebrandschilderde ramen zijn nog in volle glorie te bewonderen.

Toverlantaarnmuseum
SCHEVENINGEN

De toverlantaarn werd in de zeventiende eeuw waarschijnlijk uitgevonden door Christiaan Huygens. Hij schreef zijn vader een brief waarin hij de werking van de 'laterna magica' uitlegde. Een lichtbron, een lantaarnplaat en een projectielens zorgden voor toverachtige effecten. Feitelijk was het de voorloper van de televisie.

Het Toverlantaarnmuseum aan de Scheveningseweg 241 bezit een van de grootste collecties op het gebied van entertainmentprojectie. In een klein theaterzaaltje worden voorstellingen gegeven waarbij de originele en vaak zeldzame glasplaten worden gebruikt. Zoals men ook in de negentiende eeuw al deed, worden er meerdere projectoren tegelijk gebruikt om speciale effecten te bereiken.

Het kleine museum is alleen geopend voor een voorstelling op afspraak. Daarnaast is het op een beperkt aantal dagen geopend.

www.toverlantaarnmuseum.nl

Huygens schreef uitgebreide studies over optische onderwerpen, verzameld in de zogeheten Dioptrica. Maar onderwerpen als de breking van het licht en de werking van het oog vond hij veel interessanter dan de toverlantaarn.

Tramstation
ANNA PAULOWNASTRAAT

De Nederlandse Rhijn Spoorwegmaatschappij had in de 19de eeuw goede verbindingen via Utrecht naar Duitsland.
Nadat deze spoorwegmaatschappij in 1879 de eerste stoomtramverbinding tussen Den Haag en Scheveningen aanlegde, maakten dan ook veel Duitse badgasten gebruik van de lijn. Een paar jaar later besloot de concurrent, de Hollandse IJzeren Spoorwegmaatschappij, om een eigen stroomtramverbinding van Hollands Spoor naar Scheveningen te maken. De lijn ging met een boog om de Schilderswijk heen en kwam via de huidige Herman Costerstraat ten westen van het dorp Scheveningen uit. Dit tramspoortraject wordt nu nog steeds gebruikt door lijn 11.
Bovendien werd er bij de Conradkade/Reinkenstraat een zijtak noordwaarts aangelegd. Op de plaats waar nu het Cornerhouse staat, was een compleet rangeerterrein met station, vrachtkantoor en seinhuis. De zijtak liep evenwijdig aan de Laan van Meerdervoort, achter de huizen langs. Aan het huizenplan tussen de Conradkade en de Anna Paulownastraat is nog altijd te zien waar de zijtak van de stoomstram heeft gelopen, de huizen die er later tussen gebouwd zijn, zijn duidelijk te herkennen. In de Reinkenstraat liep het spoor tussen de nummers 9 en 47.

Het spoor liep door tot het eindpunt aan de Anna Paulownastraat. Voor dit eindstation werd in 1887 een chalet-achtig gebouw neergezet, opgetrokken uit rode bakstenen en met versieringen in gele bakstenen.

De lijn van de HIJSM werd een enorm succes. In de zomer ging er zelfs ieder half uur een tram naar het strand. Vanaf 1890 zorgde de HIJSM er tevens voor dat er doorgaande rijtuigen reden tussen Scheveningen en Rotterdam. De stoomtram trok de rijtuigen van Scheveningen naar het Hollands Spoor, waar ze werden losgekoppeld en achter de trein Amsterdam-Parijs werden gehangen. Binnen een uur was de reiziger van Scheveningen in Rotterdam, en dat zonder overstappen. Het was ongekend voor die tijd.

In 1904 begon de HTM met de elektrificatie van de voormalige paardentramlijnen. Vooral voor de zijtak achter de Laan van Meerdervoort kwamen steeds minder passagiers. Maar omdat in 1907 werd besloten het Vredespaleis te bouwen, vlak bij het eindstation aan de Anna Paulownastraat, kon de zijtak nog een paar jaar blijven voortbestaan. De HIJSM vervoerde namelijk bouwmaterialen naar de bouwplaats.

Nadat het Vredespaleis was voltooid, werd de zijtak in 1915 opgeheven, maar het tramstation aan de Anna Paulownastraat staat er nog. Het werd in 1925 verbouwd tot woonhuis voor de voorzitter van de Soefibeweging, H.P Baron van Tuyll van Serooskerken. En in 1928 werd in de achtertuin een zaal aangebouwd voor bijeenkomsten van de Soefi-beweging. Tot op de dag van vandaag is het voormalige tramstation het onderkomen van de Soefi-beweging.

Plaats: Anna Paulownastraat 78

Soefi's, Rozekruizers, Vrijmetselaars, Occultisten, Kabballisten, Theosofen en andere esoterich geöriënteerden hebben in Den Haag altijd ruime voet aan de grond gehad. Men heeft wel verondersteld dat dit met het internationale karakter van de stad te maken heeft.

Haagse tramtunnel
CENTRUM

Toen men in 1979 in de Grote Marktstraat begon te graven in verband met de aanleg van de de trambaan, vonden archeologen resten van huizen, fundamenten, gebruiksvoorwerpen en afval uit de 14de tot de 18de eeuw. Sommige van de architectonische vondsten worden tentoongesteld in de tramtunnel, in vitrines in de vloer van het perron Grote Markt.

Zo zijn er onder andere schoenen te zien uit verschillende periodes, een handspindel en een knijpschaar uit de 15de eeuw en een paardenschedel uit de 15de eeuw.

Tijdens het archeologisch onderzoek ten tijde van de aanleg van de tunnel, bleek de ligging van de opgegraven muren precies te kloppen met een stadsplattegrond uit 1616. Dit oude stadsplattegrond wordt uitgebeeld in een mozaïk in de vloer van tramperron Grote Markt.

De Haagse tramtunnel wordt ook wel het souterrain genoemd. De tunnel van 1.250 meter heeft twee tramstations en een parkeergarage. De bouw was nodig om een chaotische verkeerssituatie op te lossen, en de winkelrijke Grote Marktstraat vrij van auto- en tramverkeer te maken.

De tunnel werd gebouwd naar een ontwerp van de architect Rem Koolhaas. De stations hebben fraaie houten perrons en de wanden zijn van deels onafgewerkt beton. Het ontwerp won enkele bouwprijzen.Toch was de aanleg niet zonder problemen. Na twee jaar bouwen stroomde de tunnel in 1998 vol water. De Kalvermarkt dreigde daardoor te verzakken. Wegens instortingsgevaar werd de hele tunnel onder water gezet. Al snel kreeg het bouwproject toen de bijnaam: 'Haagse zwemtunnel'.
Twee jaar later begaf een damwand tussen de Kalvermarkt en station Spui het en kwamen er nog twee ondergrondse tunneldelen onder water te staan. De tunnel moest tenslotte onder verhoogde luchtdruk worden afgemaakt.

De bouw duurde door dit alles vier jaar langer dan verwacht en de kosten stegen met bijna honderd miljoen euro. In 2004 kon de tunnel worden geopend.

Plaats: Grote Marktstraat

De moeilijkheden bij de tramtunnel staan in schril contrast met het gemak waarmee de Hubertustunnel is gerealiseerd. Het verschil is kenmerkend voor Den Haag: op het zand lijkt alles beter te gaan dan op het veen.

Tuin paleis Kneuterdijk

CENTRUM

Wanneer er wordt gesproken over de Paleistuin, denken wij meteen aan het park achter het Paleis Noordeinde. Maar achter Paleis Kneuterdijk ligt ook een paleistuin. De ingang ligt aan de Paleisstraat. Deze tuin liep tot 1860 helemaal door tot aan de Mauritskade.

Paleis Kneuterdijk ligt op de hoek van het Lange Voorhout en de Kneuterdijk. Het werd in 1716 gebouwd door Daniel Marot, in opdracht van graaf Van Wassenaar van Obdam.
Aan het begin van de 19de eeuw kocht Koning Willem I het paleis voor zijn zoon Willem II en diens vrouw Anna Paulowna.

In de tuin waren rozengaarden, boomgaarden, waterpartijen en terrassen. Koning Willem II was een verwoed verzamelaar en hij was nogal geïnteresseerd in de natuur. In de tuin liet hij dan ook ruime kassen bouwen voor zijn plantengalerij. Het was een bijzondere wintertuin waar regelmatig feesten werden georganiseerd. Camelia's van meters hoog bedekten de glazen wanden en plafonds van de kassen. Tussen de exotische planten vlogen bijzondere vogels rond, er stonden porseleinen vazen en brandende lantaarns. Willem II, die de tuin zelf had ontworpen, bedacht ook het ontwerp voor de Neo-Gotische Galerij. Dit complex liet hij aan het paleis bouwen en het ommuurde de tuin. Hij bracht er zijn omvangrijke kunstcollectie in onder. De galerij was echter nogal bouwvallig, net als de andere bouwsels die koning Willem II in de tuin liet neerzetten. Het moest dan ook allemaal zo'n veertig jaar later weer worden afgebroken wegens instortingsgevaar. Maar tegen die tijd was koning Willem II al overleden en woonde Anne Paulowna niet meer aan de Kneuterdijk. Van de Neo-Classistische Galerij bleef alleen de Gotische zaal staan.

Na de dood van Willem II in 1849 moesten zijn enorme schulden worden afbetaald. Daarom werden de planten uit zijn wintertuin en zijn schilderijen geveild. De planten brachten op de dagenlang durende veiling meer dan vijftienhonderd gulden op. Een hoftuinman verdiende in die tijd ongeveer 40 gulden per maand. De opbrengst was niet meer dan de helft van de geschatte waarde.

Willem III verkocht later het paleis en de tuin aan de gemeente, die een deel van de tuin gebruikte voor woningbouw. Het paleis zelf werd in de loop der tijd voor verschillende doeleinden gebruikt. Zo vonden er na de Tweede Wereldoorlog processen plaats tegen oorlogsmisdadigers. Tegenwoordig zetelt er de Raad van State.

Toegang via Noordeinde, tegenover het Paleis Noordeinde.

Het Paleis Kneuterdijk is alleen toegankelijk bij speciale gelegenheden, waaronder muzikale evenementen.

De Uithof
DEN HAAG ZUID

Aan de zuidwestelijke rand van Den Haag bevindt zich het groene recreatiegebied de Uithof. Maar de Uithof is ook de naam van een landelijk bekende schaatsbaan, skipiste en meer algemeen activiteitencentrum.

De Uithof werd in 1973 geopend, aanvankelijk alleen als schaatsbaan, met een binnenbaan en een buitenbaan. In de tachtiger jaren werd er een overkapping over de buitenbaan gebouwd, en eind jaren negentig kwam er een skibaan bij, een kartbaan en een klimhal.

Het gebied De Uithof dankt zijn naam aan de eeuwenoude Uithofspolder. Samen met het natuurpark Madestein en Ockenburgh vormt het een lange strook groen waarmee de zuidzijde van Den Haag wordt afgesloten. Helemaal zuidelijk bevindt zich een doolhof, dat bestaat uit heggen van onder andere meidoorn. De meidoorn heeft scherpe doorns, dus van vals spelen door over de heggen te klimmen kan geen sprake zijn. Het middelpunt van het doolhof biedt een mooi uitzichtpunt over de omgeving.

Plaats: Jaap Edenweg 10

In delen van de Uithof lopen Gallowayrunderen. Ze grazen en zorgen dat de gemeente niet hoeft te maaien. Ze verblijven er niet permanent.

Venduehuis
CENTRUM

Het Venduehuis der Notarissen aan de Nobelstraat 5 is het oudste veilinghuis van Nederland. Het ging in 1812 van start.

Iedereen kan via de veiling roerende goederen kopen en verkopen. Elke veiling begint met één of meerdere kijkdagen waarop alle te veilen goederen te zien zijn met de bijbehorende taxatiewaarden. Dan mogen belangstellenden de goederen uitvoerig bekijken. Deze kijkdagen zijn gratis toegankelijk en kunnen heel boeiend zijn, al is dit natuurlijk ook afhankelijk van de goederen die geveild gaan worden.

Na de kijkdagen komt de dag waarop er geveild gaat worden. Wie ergens op wil bieden heeft een biednummer nodig dat vooraf vrijblijvend bij het secretariaat van het Venduehuis kan worden verkregen. Tijdens de veiling zelf kan er worden geboden door de hand op te steken. Het bieden gaat per opbod, van laag naar hoog. De veilingmeester verhoogt steeds het laatstgenoemde bod tot er niemand meer biedt. De prijs waarvoor het geboden object wordt verkocht, is de hamerprijs. Deze hamerprijs wordt nog eens verhoogd met verkoopkosten. Dit zogenoemde opgeld kan oplopen tot 28,5 % van de hamerprijs.

Het Veduehuis heeft taxateurs in dienst. Zij hebben veel kennis van kunstwerken en andere te verkopen zaken, en kunnen schatten wat een ingebracht object kan opbrengen.
Het Venduehuis der Notarissen is opgericht in de Franse tijd. Toen werd bij wet bepaald dat veilingen alleen mochten plaatsvinden onder het toeziend oog van een beëdigde notaris. De Haagse notarissen staken de koppen bij elkaar en richtten gezamenlijk het Venduehuis op. Het Haagse Venduehuis is het oudste veilinghuis van Nederland. Het is gevestigd in een pand in de Nobelstraat. Voordat het veilinghuis er kwam, was dit een burgemeesterswoning.

Plaats: Nobelstraat 5

Het beroemdste stuk dat ooit geveild werd in het Venduehuis, was in 1881 het Meisje met de Parel van Johannes Vermeer. Het bracht 2 gulden 30 op. De koper liet het later na aan het Mauritshuis.

Villa De Zeemeeuw
WITTEBRUG

In de omgeving van het Westbroekpark staan meerdere prachtige panden. Maar Villa De Zeemeeuw - witte gevel met helderblauw houtwerk - aan de Wagenaarweg nummer 30 is toch wel een van de meest in het oog springende huizen.

Het werd gebouwd in 1901 naar een ontwerp van Henry van der Velde. Het exterieur van De Zeemeeuw is opmerkelijk. De asymmetrische gevels en de schoorstenen van verschillende hoogte zijn bekleed met Belgisch zandsteen. De gevels weerspiegelen de opzet van de plattegrond, waarin vrijwel geen vertrek met rechte hoeken te vinden is.

De villa wordt bewoond en is niet te bezichtigen. Helaas, want het interieur is indrukwekkend. Zo heeft de wand van het centraal gelegen prachtige trappenhuis een graffito van de symbolistische kunstenaar Johan Thorn Prikker. Speciaal voor dit huis ontwierp hij ook meubels, waarvan een deel zich thans in de collectie van het Gemeentemuseum bevindt.

Het huis werd in opdracht van de huidarts en kunstverzamelaar Dr. Willem Leuring gebouwd. Het is een voor Nederland zeldzaam voorbeeld van de internationale Art Nouveau in de architectuur.

Een paar deuren verder woonde nog een kunstverzamelaarster: Hélène Kröller-Muller. Zij bracht haar collectie onder in een museumpje aan het Lange Voorhout, tot haar eigen museum op de Hoge Veluwe gereed was.

Plaats: Wagenaarweg 30

Ook elders in Den Haag zijn fraaie Jugendstilpanden te vinden. Een absoluut hoogtepunt is Laan van Meerdervoort 213.

Villa Windekind
SCHEVENINGEN

Aan de Nieuwe Parklaan 76, op een helling staat een huis met een opvallend dak en het opschrift 'Windekind'. Een romantische naam, maar de geschiedenis van dit huis is luguber.

Villa Windekind werd in 1928 gebouwd naar een ontwerp van de architect Roosenburg, een leerling van Berlage. De opdrachtgever was Francois van 't Sant, een Haagse commissaris van politie en later vertrouwensman van koningin Wilhelmina.
Als zodanig kreeg hij te maken met de buitenechtelijke affaires en buitenechtelijke kinderen van prins Hendrik, de echtgenoot van Wilhelmina. Om de escapades van de prins enigszins in goede banen te leiden, arrangeerde Van 't Sant voor de prins in villa Windekind regelmatig ontmoetingen met prostituees. Van 't Sant selecteerde de dames op gedrag en gezondheid, want Wilhelmina vreesde geslachtsziekten. Zo is er een verhaal bekend over een avond in Windekind waarop een 'roze ballet' gaande was; een feest waarbij de Haagse beau monde zich vermaakte met minderjarige jongens. Tot de politie een inval deed. Van 't Sant wist de aanwezige prins Hendrik uit het vuur te houden.

Er waren veel vragen rondom intieme koninklijke zaken die van Van 't Sant op eigen houtje regelde. Chanteerde hij mensen? Hoe was het mogelijk dat hij van zijn salaris villa Windekind contant had kunnen betalen? Toch had Wilhelmina een groot vertrouwen in hem en in 1940 vertrok Van 't Sant met haar naar Londen, zijn gezin bleef achter in villa Windekind.

Twee jaar later werden de villa en de naastgelegen huizen op 74 en 72 gevorderd door de Duitsers. Hier werd de deportatie van de Haagse Joden geregistreerd. Villa Windekind werd het gespecialiseerde bureau van de Sicherheitspolizei, waar de gruwelijke verhoren van ondergedoken Joden en hun helpers plaatsvonden. Franz Fischer, die na de oorlog bekend werd als één van de vier van Breda, dwong hier zijn slachtoffers tot bekentenissen of inlichtingen, door ze langdurig onder te dompelen in een badkuip. Zijn martelmethode stond bekend als het 'U-boot Spiel'. Naar wat er zich tijdens de oorlogsjaren allemaal precies heeft afgespeeld in de villa, is nooit een samenhangend onderzoek gedaan.

Plaats: Nieuwe Parklaan 76

Villa Windekind is nu weer gewoon een woonhuis en staat op de monumentenlijst.

Vredespaleis
CENTRUM

Aan het einde van de 19de eeuw groeide het ideaal van de wereldvrede. In Europa en in Amerika waren meer dan honderd vredesorganisaties, enkele hadden zelfs miljoenen leden. De vredesbeweging werd gestimuleerd door bekende persoonlijkheden als de Russische schrijver Leo Tolstoi, die met zijn beroemde boek Oorlog en vrede een pleidooi tegen de oorlog hield.

In Den Haag werd in 1899 de Eerste Internationale Vredesconferentie georganiseerd. Zo'n 100 vertegenwoordigers uit 26 landen kwamen bij elkaar aan de Prinsegracht nummer 71. Daar richtte men een Permanant Hof van Arbitrage op. De locatie aan de Prinsegracht was natuurlijk veel te klein. In 1907, na de tweede conferentie, werd de eerste steen voor het Vredespaleis gelegd, dat in 1913 werd geopend. De bouw van het Vredespaleis werd mede mogelijk door een gift van anderhalf miljoen Amerikaanse dollars van de Schots/Amerikaanse filantroop Andrew Carnegie. Bijna alle deelnemende landen leverden een bijdrage aan het paleis.

Het is een groot, carrévormig gebouw met een plint van grijze Belgische natuursteen en gevels van rode Hollandse baksteen in een eclectische neorenaissancistische stijl. Op het binnenterrein is een fontein en om het gebouw liggen Engelse landschapstuinen. Voor de vijvers werd gebruik gemaakt van de waterloop van de Haagse Beek. Het Vredespaleis heeft door zijn volume, de ruime locatie, de kunstzinnige aankleding en de uitbundige symboliek van de behuizing een on-Nederlandse grandeur. Het ging hier dan ook niet alleen om een onderkomen voor de gerechtelijke organisatie, maar vooral om de belichaming van een idee; een droompaleis voor de droom van wereldvrede. Behalve het Permanente Hof van Arbitrage huist in het Vredespaleis ook het Internationale Gerechtshof.

Plaats: Carnegieplein 2

Onder Haagse jeugd wordt welcens verteld dat je aan de politie kan ontkomen door over het hek van het Vredespaleis te klimmen; je zou je dan op internationaal grondgebied bevinden en onaantastbaar zijn.

De vuurtoren
MUZEE

De vuurtoren van Scheveningen is niet de enige in Nederland, niet de hoogste en ook niet de oudste. Toch verdient dit monument in hartje Scheveningen een speciale vermelding. Het vuurtorenlicht is op 53 kilometer afstand vanaf de Noordzee te zien en functioneert nog steeds als een belangrijke oriëntatiebaken. Het regelmatige schijnsel - elke tien seconden een scheut licht - kan in vele Scheveningse en ook Haagse slaapkamers worden waargenomen, zij het soms vaag.

De toren, die uit gietijzer is opgetrokken, werd in 1875 ontworpen door de specialist op dit terrein, Quirinus de Harder. Het bouwen in gietijzer was toen betrekkelijk nieuw. De toren telt negen tussenvloeren, die bereikbaar zijn via wenteltrappen. Op de tweede verdieping verbleven vroeger de vuurtorenwachters, zij moesten er voor zorgen dat alles goed bleef functioneren. Het licht bovenin draaide drijvend in een kwikbad. In de jaren zestig werd de verlichting gemoderniseerd.

De vuurtoren kan bezocht worden. Een bezoek - in principe op woensdag- en zaterdagmiddagen - kan worden gereserveerd bij het Scheveningsmuseum Muzee. In dit museum is ondermeer het interieur van een bomschuit nagebouwd. Het bijzondere is dat het interieur beweegt, om een milde deining na te bootsen. Samen met het gepiep van touw en het gekraak van hout geeft dit een bijzonder sfeervol en realistisch effect.

Vuurtoren: Zeekant 12

Muzee: Neptunusstraat 90-92

De Zandmotor
STRAND KIJKDUIN

Voor de kust, ongeveer tussen Ter Heijde en Kijkduin, legde men in 2011 de Zandmotor aan, een schiereiland zo groot als 256 voetbalvelden. Voor de aanleg werd maar liefst 21,5 miljoen kubieke meter zand gebruikt. Na de afronding stak het eiland een kilometer ver de zee in en was het aan het strand twee kilometer breed. Door wind, golven en stroming verspreidt het zand zich sindsdien langs de kust tussen Hoek van Holland en Scheveningen. Daar vormt het nieuw strand en duin. Op die manier wordt de kust op een innovatieve manier beschermd en onderhouden. Wereldwijd werd er nooit eerder zo'n experiment uitgevoerd.

De vorm van de Zandmotor zelf verandert in de loop der jaren sterk. Op den duur zal het gebied zich waarschijnlijk - hoe het precies verloopt is niet bekend - ontwikkelen tot een breed strand en jonge duinen met een duinmeer en een lagune.
Door de veranderingen van de kustvorm ontstaan er ook nieuwe stromingen. Er zijn dan ook plekken in de buurt van de strandmotor waar - soms tijdelijk - een zwemverbod geldt.

Plaats: Ten zuiden van strandopgang Ockenburg, Kijkduin

Op de zandmotor staat de Argusmast. Dat is een bouwwerk met daarop acht camera's die continue filmen hoe de zandmotor zich ontwikkelt.